●シリーズ●
世界の社会学・日本の社会学

Takata Yasuma

高田保馬

―理論と政策の無媒介的合一―

北島 滋 著

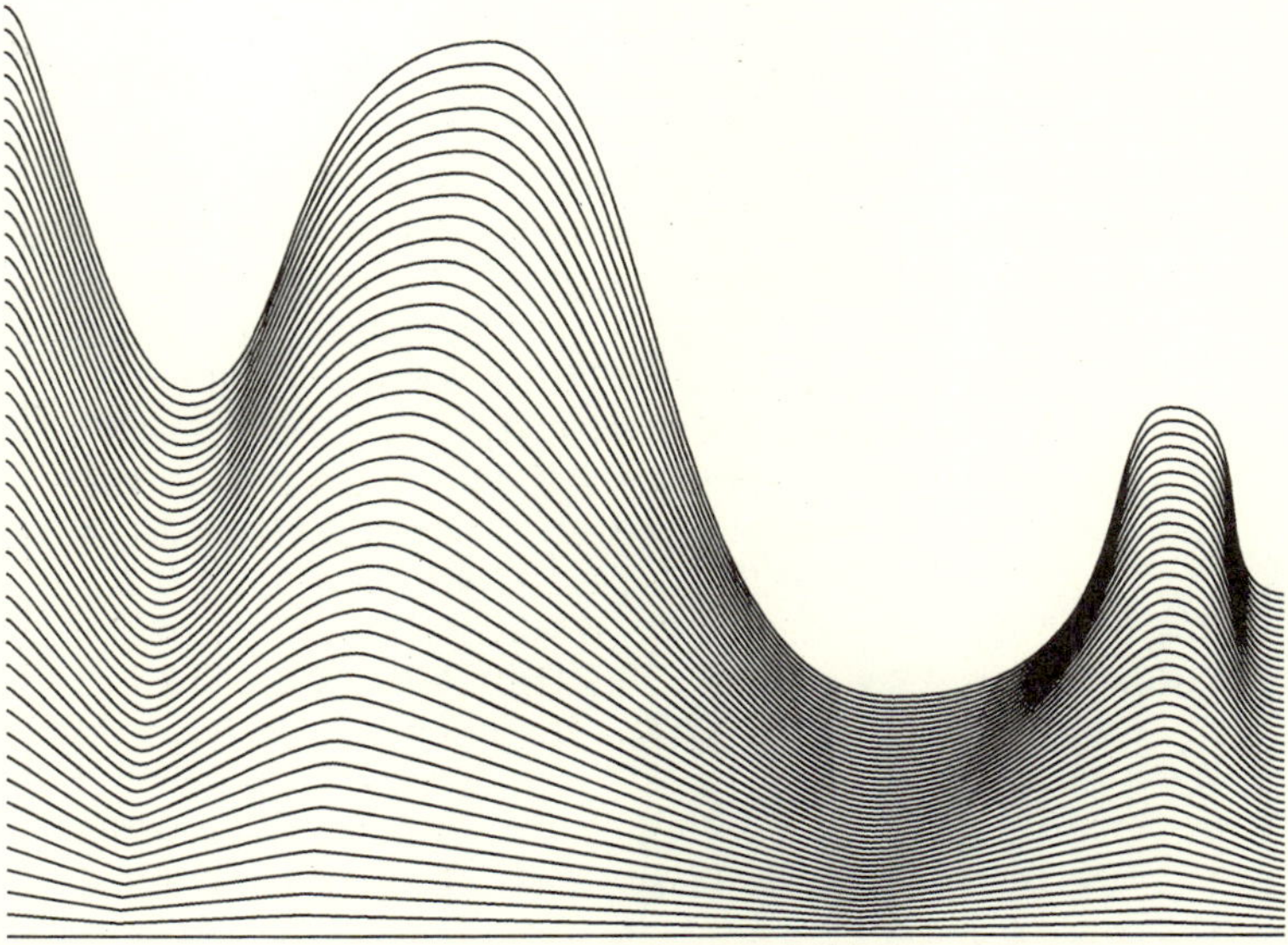

東信堂

「シリーズ世界の社会学・日本の社会学」(全50巻)
の刊行にあたって

ここにこれまでの東西の社会学者の中から50人を選択し、「シリーズ世界の社会学・日本の社会学」として、その理論を解説、論評する叢書を企画、刊行することとなりました。このような大がかりな構想は、わが国の社会学界では稀有なものであり、一つの大きな挑戦であります。

この企画は、監修者がとりあげるべき代表的な社会学者・社会学理論を列挙し、7名の企画協力者がそれを慎重に合議検討して選別・追加した結果、日本以外の各国から35巻、日本のすでに物故された方々の中から15巻にまとめられる社会学者たちを選定することによって始まりました。さらに各巻の執筆者を、それぞれのテーマに関して最適任の現役社会学者を慎重に検討して選び、ご執筆を承諾していただくことによって実現したものです。

各巻の内容は、それぞれの社会学者の人と業績、理論、方法、キー概念の正確な解説、そしてその今日的意味、諸影響の分析などで、それを簡潔かつ興味深く叙述することにしています。形態はハンディな入門書であり、読者対象はおもに大学生、大学院生、若い研究者においていますが、質的には専門家の評価にも十分に耐えうる、高いレベルとなっています。それぞれの社会学者の社会学説、時代背景などの紹介・解説は今後のスタンダードとなるべきものをめざしました。また、わが国の15名の社会学者の仕事の解説を通しては、わが国の社会学の研究内容の深さと特殊性がえがきだされることにもなるでしょう。そのために、各執筆者は責任執筆で、叙述の方法は一定の形式にとらわれず、各巻自由に構成してもらいましたが、あわせて監修者、企画協力者の複数によるサポートもおこない、万全を期しております。

このシリーズが一人でも多くの方々によって活用されるよう期待し、同時に、このシリーズが斯界の学術的、社会的発展に貢献することを心から望みます。

1999年7月

監修者　北川隆吉　　東信堂社長　下田勝司

企画協力者（敬称略）　稲上　毅、折原　浩、直井　優、蓮見音彦、宝月　誠、故森　博、三重野卓（幹事）

古稀の高田保馬
（高田先生古稀祝賀論文集『社会学の諸問題』、有斐閣、1954年より）

まえがき

筆者と高田保馬との関係で言えば、筆者自身が高田保馬から直接的に教えを請うたとか（世代的に不可能であるが）、彼の薫陶を受けた方を恩師に持つとかというそれではない。高田保馬との出会いはまったくの偶然である。筆者が北海道の片田舎にある大学の商学部を卒業する時期が迫るにつれて、卒業後の人生の岐路に悩み、就職もさることながら、もし大学院に進学して勉強をするとすれば、もう少し「顔の見える」何かを勉強してみたいという漠然とした考えを抱いたことがあった。今から想えば、いささか感傷的すぎるきらいはあるが、本人としては真面目にそう考えていた。社会学はその「顔の見える」学問に合致するのではないかと勝手に想いをめぐらせ、当時は法政大学に奉職していた北川隆吉先生の門をたたいた。一九六九年のことである。時代は風雲急を告げていて、大学は紛争の最中にあった。記憶に間違いがなければ、封鎖が解かれて大学構内に入れたのは一年後であったように思う。社会学の「社」も知らなかった筆者が修士論文を書く段になって、さて何を題材にしようかと迷っていたとき、ある先輩が「日本の社会学者の中で高田保馬という偉大な学者がいるのだけれども、あまり研究されていないので、それが何故なのかを検討してみてはどうか」と示唆を受けたのが高田との出会いのきっかけであった。それは高田が逝去する（一九七二年）二年前のことであった。

早速、高田の著書を読もうと大学図書館に行ってみたが、学園紛争の煽りで図書館は開館に手間取り、やむを得ず神田の古本屋街を歩き回って彼の著書を手に入れた。しかし正直言って、彼の著作の厚さと量に圧倒され、文体の古さと中身の難しさに嫌気がさし、何度も論文執筆を断念しようと考えた。執筆断念の危機をなんとか乗り越えて「高田社会学研究」というタイトルで修士論文を提出した（一九七一年）。それ以来、日本の社会学シリーズの一冊として「高田保馬論」を書いてみないかと北川隆吉先生からお誘いを受けるまで、高田社会学に関して新たに書かれた論文を読むことはあっても、高田自身の著作を読み返すことはなかった。その理由は、執筆をしてみて筆者自身の能力にも関係した読みの浅さもさることながら、高田を終生「追っかけ」するほどとことん彼に惚れ抜けなかったことにある。その点は本論で明らかにすることであるが、高田は「共同社会」から「利益社会」への長期的変動を提起しておきながら、一方で、利益社会化を嫌悪したうえに、利益社会論を欠落させ、他方で、共同社会を慈しむその展開の仕方に、筆者としてはどうしてもなじめなかったからである。もちろんこの主張には、筆者自身の持つイデオロギー、更には学問的未成熟とも関連して高田に対する偏見が含まれているかもしれない。また高田と筆者の世代の相違と言ってしまえば済むことではあるが、筆者自身は利益社会の「子」であり、利益社会の功罪を摘出することに執念を燃やしていたことによる高田への違和感がそうさせたのかもしれない。今回、高田保馬論を引き受けたのは、高田を論じて既に三〇年の年月が経過し、当時の「若気」から来る高田に対する偏見も消え失せ、多少とも客観的に論じることができるのではないかという思いが心の片隅にあったからである。

執筆を引き受けた後、高田がエッセイ（時局発言とした方がよいが）の中で繰り返し言及する故郷三日月村遠の江（現在佐賀県三日月町）を是非筆者自身の目で見たいと思い、暑い時期ではあったが二〇〇〇年八月の初旬に同地を訪れてみた。縦横に水郷がはしる点を除けば、広々とした遠の江の風景は日本のどこにでも散見し得る農村風景のように思えた。水郷の淵からそう遠くない所にある現存する高田の生家は彼自身によって建て替えられたものである。その時期は必ずしも明らかではないが、彼の三女ちず子氏の言葉を逆算すれば、高田が東京商科大学の職を辞し、九州帝国大学の教授に就任した一九二五年前後と考えられる。彼はその新築の家から大学に通った。煉瓦づくりの門からしてあたりの農村風景とはいささか違和感を感じさせるどっしりとした風格のある建物であ

高田保馬生家

る。この建物を管理する隣に住むご親族の言によれば、この建物も老朽化が進み、母屋に付設された書斎を残して取り壊すとのことであった。このご親族の取り計らいで書斎に上がらせていただいた。広々とした風通しの良い書斎も、高田が日夜研究に没頭していた頃は、畳の上に書籍が散乱していたという。

　高田の生家を辞して、彼が何度も歩いた久保田駅（ＪＲ長崎本線）に向かって筆者自身も歩いてみた。高田の時代は田畑の畦道を通る近道があったのだと思うが、それでも駅まで二〇分ぐらいはかかったのではなかろうか。途中で激しい雷雨に見舞われスーパーの屋根の下で雨宿りをしていたとき、先程のご親族が車で追いかけてきて久保田駅まで送ってくれた。

水郷からみた高田保馬生家

この人情の厚さは、高田の言う「有情者の結合」の原基であろうか。

ところで本書は企画の枠組みに可能な限り即して構成されている。第1章では、高田の人生の軌跡と思想、それらと学問形成の接点を摘出しようと試みた。すなわち、若き高田の五高時代の活動、そして京都大学での米田庄太郎との出会いを中心に思想、学問の形成への影響を明らかにする。第2章では、第一に、高田社会学を構成する道具立て（キー概念）とその論理構成を浮き彫りにする。第二に、高田社会学の体系とその体系化の中で、森嶋通夫の言を借りれば囲碁の「寄せ」（＝体系の精緻化）に位置づけられる国家、階級、民族、第三史観に言及し、それらが持つ意味をできる限り明らかにする。更に、やや補足的ではあるが、勢力経済学（=経済学と社会学の接合）の展開にも触れてみたい。第3章は、第2章を踏まえて、高田社会学批判の整理とその批判が持つ意味を明らかにし、高田社会学を方法論の側面から日本社会学史の流れの中に位置づけてみた。そして最後に多様な意味で困難な問題ではあるが、あえて高田の公職追放の問題を知識人の責任倫理の視点から言及してみた。

シリーズ日本の社会学の執筆の機会を与えていただいた北川隆吉先生、企画協力者の諸先生方、また出版に際して種々ご配慮をいただいた東信堂の下田勝司社長にこの誌面を借りしてお礼を申し上げたい。

北島　滋

高田保馬——理論と政策の無媒介的合一／目次

高田保馬——理論と政策の無媒介的合一

第1章　知への旅立ち

郷里　三明村　遠の江の風景

1　郷里三日月村遠の江と高田保馬

(1) 高田保馬の生い立ち

高田保馬は一八八三（明治一六）年一二月二七日、佐賀県小城郡三日月村（現三日月町）、大字金田、字遠の江に、父清人、母クスの三男三女の三男として生まれた。保馬の兄弟姉妹は二〇歳年上の長兄清俊（眼科医）、五歳で逝去した次兄、そしてフジ、モキ、チヨの姉からなる。父清人は天台宗の僧籍を持つ神職兼自作農、母クスも神職の家の出であった。農業それ自体は作男を置いて耕作させていた。清人は自らの田（一七四二平方メートル＝約一・七六反）を遠野江の集落に寄贈した。寄贈された田は一九一八（大正七）年ころより個人の持ち回り耕作とされ、その収益は集落の祭り等に使用されたという。客観的に見れば、高田の生家は集落の中で社会的地位も高く、高田は農村出身ではあっても決して農民の子ではなかった。農村集落における数少ない知識人層の出であったと言える。

父清人は和算と和歌に通じ、医学好きであった。したがって、医療の心得もあったという。和算は鍋島藩きっての和算の大家馬場栄作の所に一六歳の時から六、七年通って修得したとされる。神職が当然身に付けなければならぬ教養の一つである和歌は別として、神職と和算そして医療の心得というのが、当時の神職としてごく普通に身につけるべき教養であったのかどうかはわからない。ともあれ遠の江においてかなりの知識人であったことは確かである。父清人の医学好きもあって、二〇歳年上の兄清俊は長崎の医学校に進み、高田も兄の勧めで熊本五高の三部（医科）に進学した。父清人も、兄清俊も、高田にとって厳格な教育重視の父であり兄であった。高田自身は五高の三部に進学したこの間の事情を「家の都合で」と後で述べている。父清人は一八九六（明治二九）年から中風を患い六五歳でこの世を去った。高田が旧制佐賀中学の二年、一六歳の時であった。

高田家が父清人の死去により経済的ダメージを受けたことは事実であるが、どの程度であったのかは必ずしも明確ではない。高田自身、佐賀中学時代に往復四里（一五・六キロメートル）を歩いて五年間通った。弁当を途中の嘉瀬川の土手の藪の中に隠し、帰りに食べたと述べている。その理由は、同級生の弁当に奈良漬けが入っていて自分も欲しかったが、貧しい母にそれを言えなかったというのが理由であったとされる。他方で、往復四里の通学のために勉強時間が不足し、歩きながら本を読んだために弁当を持つのが邪魔になったという説もある。いずれにしても、高田は既に四日市で医師を開業していた兄清俊から学資の援助を受け、日常の生活用品の一部は姉たちから支援をしてもらっていた。高田の母思い、家族思いの原点はここにある。高田自身もこの家族の支援に五高、京都帝国大学で特待生になって応えた。

佐賀中学の交友会雑誌『栄城』の編集に参加し、自らも貧困の問題に関する論文を執筆した。高田は中学時代からマルサスの人口論、経済学の教科書を読んでいたとされる。高田の「貧しさ」の経験が五高時代に社会主義に、京都帝国大学以降の学的生涯においてその関心を階級問題（貧富の懸隔）に向けさせたと言えるだろう。彼に強い影響を与えた二〇歳年上の兄清俊は長崎で医学を修め、四日市で眼科医を開業していたが、熊本の五高の三部（医科）への進学（一九〇二年）は父ばかりではなく兄の勧めでもあった。しかし、結局、彼の関心のおもむくままに五高の三部（医科）を退学し、第一部文科に再入学することになる。

ところで高田に強い影響を与えた兄清俊は歌人で書家の達人であった。高田が書いた兄宛の手紙は清俊によって常に添削・補筆されて送り返されたという。学資の支援もさることながら高田の兄清俊に対する畏怖は絶対的なものであった。歌も佐賀中学の一年から兄清俊、従兄の池田秀雄そして父の代理で出席した神職会の神職から指導を受けていた。本格的に始めたのは佐賀中学時代の友人下村虎六郎（湖人）との出会いからであった。歌人としての高田はそこらにへんにいる歌好きの素人衆ではなくまさに筋金入りの歌人であった。

高田保馬書斎

(2)三日月村遠の江

高田が愛してやまなかった郷里遠の江はＪＲ長崎本線と嘉瀬川、国道三四号線に囲まれた所にある。遠の江の風景は佐賀平野であればどこにでも見られる田園のそれである。現存する高田の生家は彼が建て替えたもので、未だ残る水郷と国道三四号線に隣接した集落にある。彼が建てた家を煉瓦づくりの門柱、塀の外から眺めると、建てられた当時は集落の中でも他を圧するたたずまいであったと想われる。現在は老朽化が激しく近々取り壊されるとの話である（建物を管理している隣家の高田の親族の談）。母屋に隣接して建てられた書斎は風通しの良い二〇畳近くはあろうと思われる和風のそれである。高田が帰郷する度にここで多くの本をひろげながら思索をねった。高田家の墓は道路をはさんで母屋から二〇

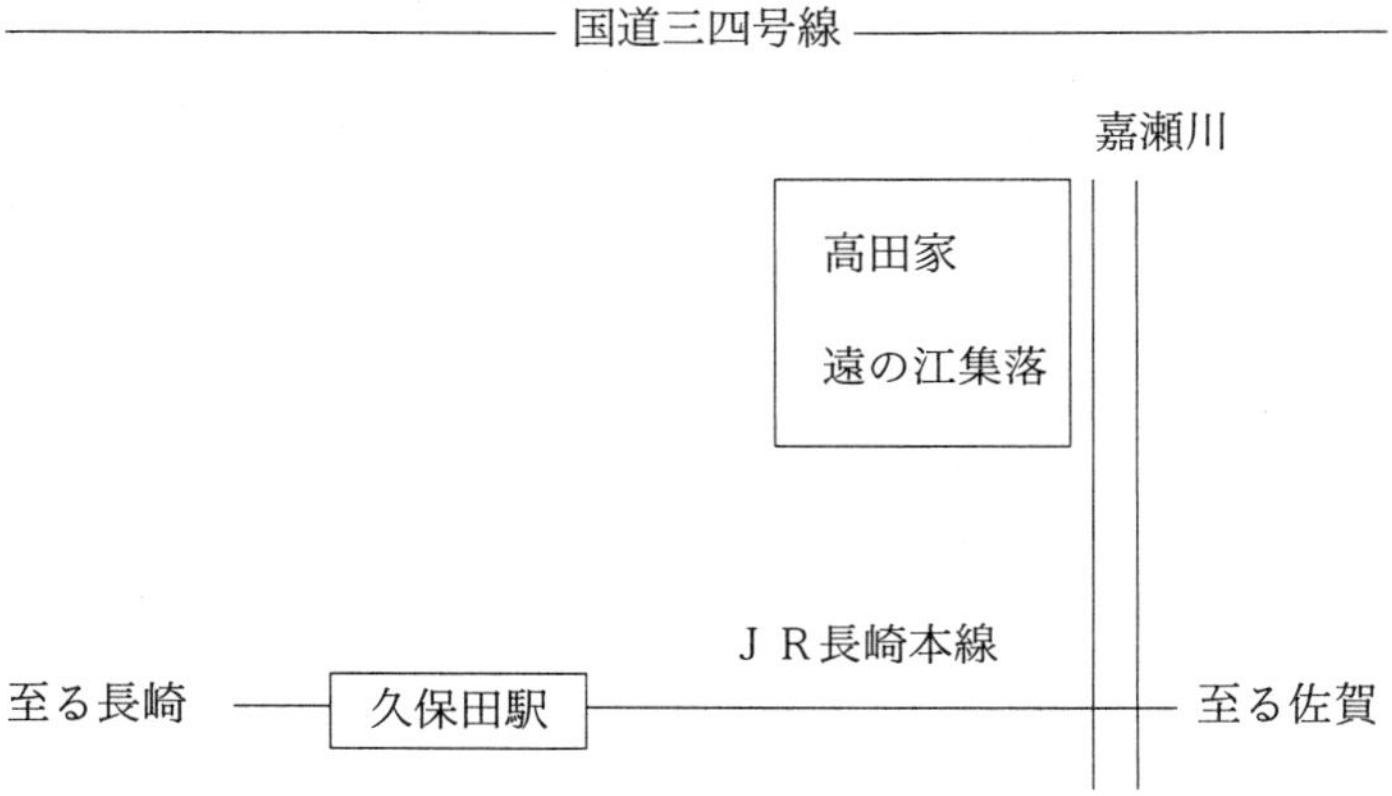

遠の江と高田の生家

メートルぐらい離れたところにあり、彼はそこで永遠の眠りについている。

高田が愛してやまなかった明治、大正、昭和初期の遠の江はのどかな田園風景を呈していたであろうが、現在の遠の江は小さいけれども工場が立地し、工業化の波の先端が押し寄せている。ところで高田が生まれ育った時代の遠の江は、そののどかな田園風景とは裏腹に、経済的側面から見ると必ずしも平穏ではなかった。明治維新以降、土地所有権売買の解禁、高率金納の地租改正、加えて一八八一年のデフレ政策により全国的に自作農民層が小作化し、地主制が成立する。佐賀県及び三日月村のある小郡郡においても（この時点では三日月村の統計数値が欠落）、一九〇七年〜一九一一（明治四〇〜四四）年で水田小作率がそれぞれ四五・七％、五〇・〇％に達している。一九二二年〜一九二五（大正一一〜一四）年では、県全体が四六・九％に対して、三日月村は六五・七％に達している。その地主層は造り酒屋、質屋、商人達も含まれるが、多くは旧鍋島藩の領主鍋島道庸とその家臣団であった。遠の江がある小郡郡の地主は道庸であり、一九二九（昭和三）年には一四一町歩を所有していた。遠の江は高田の望郷とは裏腹に跛行的な資本主義化の波に苛まれていたと言える。

2 「社会主義と詩人」――五高時代の高田保馬

高田は小作化の進展する遠の江で育ち、一八九七（明治三〇）年に佐賀中学（現在の佐賀西高等学校）に入学した。近年三日月町で結成された高田保馬顕彰会の「顕彰会だより」によれば、小、中学校を通しての成績は常にトップであったという。佐賀中学を卒業後、前記したように一九〇二年に五高医科に進学する。医科に進学したのは、学資を支援した長兄清俊の示唆があった。しかし佐賀中学以来の社会問題への関心断ち難く、結局退学し、翌年第一部（文科）に再入学したことは既に述べた。

高田は五高在学中に社会主義研究会である黒潮会に入り、大川周明らと顔見知りになるが、高田によれば、大川周明とは肌が合わず懇意にはならなかったとされる。おそらく大川が「行動派」であったのに対して、高田は未だ頭の中での「行動派」にとどまったからであろう。ともあれ、五高在学中の彼の現実問題への強い関心がどこにあったのか、そして彼が貧富の格差を憤りつつも理論的探究に向かうという彼自身の将来像の一端が、五高の『龍南会雑誌』に執筆した「社会主義と詩人」によく示されている。

「聞かずや、富豪が驕慢の凱歌、貧民が苦痛の悲鳴を」で始まる高田の「社会主義と詩人」は、一九〇四年に第五高等学校交友会の雑誌に掲載された。保馬二一歳のヒューマニズムを基調とした詩的論文であり、それは彼の気概と気負いの両方が満ちあふれた一文である。その美しい詩文調の文体もさることながら、その内容において彼が激しい実践意欲に満ちあふれた青年であったと同時に、極めて冷静な理論探求派であったことも示している。言い換えれば、この五高在学中において既に社会学、経済学を探求する怜悧な研究者の側面といわゆる思想と身体の行動を一体化させた社会・政治運動家への志向、更には言論による社会運動家の片鱗を示していた。

高田の態度は社会主義を説こうというのではなく、それがどのように解釈され、期待され、他方で、貧民が何故に虐待と迫害を受けるのかを明らかにすることにあり、貧富の懸隔の形成原因を社会的生産の進展と個人的領有という資本主義の矛盾にあるという理論の理解に力点があった。

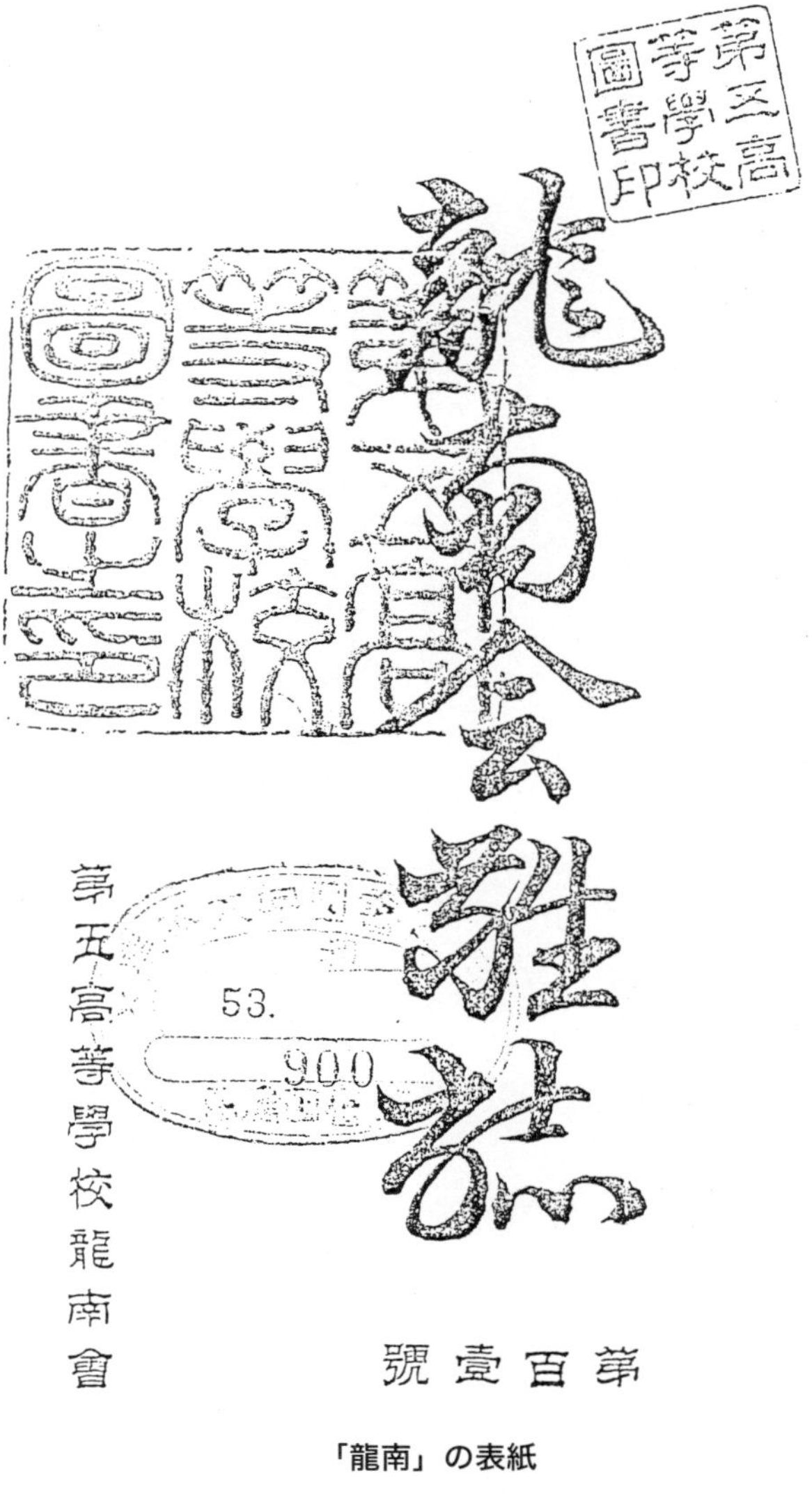

「龍南」の表紙

「世間の財貨若しくは交換的価格は全て労働の結果也。徹頭徹尾労働より産出せる者なり。故に真正の生産者たる労働者階級は世間の財貨を所有する権利を有す。資本は当然労働者が総合的所有に帰すべきものとす。其理を問ふか、元来資本は掠奪の結果也。労働者が得べきものより狂て取去りたるのみ。得べかりし彼等が、他の労働に依頼して生活せる一階級の奴隷となりぬ。今後産業上固定資本を要すること愈大となれば、労働者の地位愈堕落すべし。之甚しき不条理に非ずや。然り不条理也。而かも此の如くして資本家労働者の懸隔は益甚しきに至らむとす。嗚呼　社会的生産の個人的領有。是豈矛盾にあらざる乎、撞著にあらざる乎。」

※　高田保馬（一九〇四）、「社会主義と詩人」の中の一三頁の段落部分から引用。なお漢字は現在の漢字に変換してある。

社会主義は貧富の懸隔にともなう労働者の悲惨な状態を救済する役割を担って登場したことを、もちろん愛が社会主義という衣をまとってこの世に立ち現れたかどうかは別として、高田は社会主義の「出自」とその意味を良く理解していた。高田は人道と正義からなる社会主義を資本家に冷徹かつ強迫的に説いたところで、彼らの胸中に労働者に対する愛が芽生えるであろうかと自問する。資本家の心を開くためには「詩」のみしかないのかと。この詩（＝愛）が人間の心に響くのは、人間には生まれ持った（天賦の）「情緒の琴線」があるからだとする。この「情緒」という言葉はやや日本的表現ではあるが、彼の文脈からすれば、広い意味での無限包容的「愛」であろう。高田によれば、この「情緒」（＝愛）に共鳴する「琴線」は、人類がどのような危機に陥ったとしても今日に至るまで傷つけられることはなかったとする。それでこの論に「社会主義と詩人」というタイトルをつけたことがようやく理解可能となる。この「情緒の琴線」に愛を響かせることのできる者は唯一ではないにしてもその一人は詩人だからである。「社会主義は愛の主義也。悲惨と酷薄とを以て満たされる今の世に於て、愛は社会主義てふ形態をとらざるべからざりし也。人間が無弦至高の琴線にふるるもの、胸中の愛を流露せしむるもの、ただ夫れ詩也とせば、現今暗黒の世に於ける社会主義の発展は真の詩人の出顕に非ずんば得て望むべからざる也。」（高田、一九〇四）この真の詩人が革命家それ自身なのか、あるいは詩人が革命家を待望しているのかは不明であるが、彼が詩人に託した貧富の懸隔の解決はその後どのような変転を辿るかである。

高田は大川周明的政治運動家（結果としてはその道には行かなかったが）、言論による政治運動家と怜悧な理論家の多面的志向を抱いて、一九〇七（明治四〇）年京都帝国大学文科大学哲学科の俊英米田庄太郎の門をたたくことになる。五高の「龍南会雑誌」に掲載された詩文調の「社会主義と詩人」は、一方で、後の歌人高田の素質を示すものであるが、他方で、理論家、社会・政治運動家の片鱗をも示すものであった。

高田が貧富の問題、社会主義への関心を抱いていた五高時代にその進路決定の際に大きな影響を与えたのは従兄池田秀雄であった。高田の母の妹であるハマが三日月村の池田家へ嫁ぎ、秀雄はそのハマの息子である。従兄は大学で社会学を学びたいと考えていたこともあったが結局はその道に進まず、後に北海道長官になった。この従兄の勧めと高田の社会主義への関心が社会学への道に進ませた。社会学を社会主義と親縁性を持つものと考えたことが京都帝国大学文科大学哲学科を選択させたわけである。

高田が米田庄太郎の門をたたいた時、米田は、社会学は実践の学ではないと高田を諭したとされる。この含意は、若き高田が貧富の懸隔の解決を社会学に託したことに対する思い違いへの「諭し」であった。それは学問と実践の峻別である。しかしこの諭しにもかかわらず、「社会主義と詩人」に垣間見られる運動家への志向は少なくとも京都帝国大学大学院時代までは持続していた。その根拠として親友滝正男との間に次のようなエピソードがあったからである。

滝とは五高時代からの無二の親友であった。高田が五高時代の一九〇五年に肺結核を患って休学し、鹿児島に転地療養を余儀なくされた。その時滝も休学し高田と行動を共にしたことからもその仲が理解できよう。高田と滝は終生の友であった。滝は五高を卒業後京都帝国大学の法科に進み、後に衆議院議員、そして企画院総裁へと上りつめる。滝の選挙の際には、高田は応援演説にはせ参じるという関係であった。高田が米田のもとで研究に従事していたときに、犬養毅、尾崎行雄等による護憲運動に刺激され、東京に行って政治家になろうと言い出した。その時にこの無謀な行動を思いとどまらせたのが滝であった。したがって、この京大大学院時代までは政治家あるいは運動家への志は消えていなかった。これ以降は形を変えて、彼の思いを言論に託した運動家として後に実現されることになる。それはマルクス主義批判となり、民族論等の問題を含む時局発言として展開される。付言すれば、「天賦によりて人の胸に深く秘められたる情緒の琴線」という「普遍的」なるものが、高田の胸中においていつしか共同社会の基礎をなす特殊個別的な内的結合へと意味変換されたのか、あるいは「情緒の琴線」を当初から内的結合として意識し、それを「普遍的」と考えていたのか。本論の全体でこのことに回答を与えることになる。

3　高田保馬と米田庄太郎

(1) 米田社会学の継承と断絶

米田評価は別途稿を改めて論じる必要がある。高田が社会学を通して「現実問題の解決」（貧困問題）をと勇んだのに対し、米田は、社会学は一切の世界観から無縁な純理論であると説いた。米田が社会学理論に込めた意味は、彼がそれまでに辿った数奇な運命に規定されている。米田は一八九一年奈良の聖公会系キリスト教の英和学院に転校し、そこで恩師Ｉ・ドーマンと出会い、一九歳で彼について渡米する。ニューヨークの神学校を卒業後、コロンビア大学大学院でＦ・Ｈ・ギッディングスに社会学を学び、そしてフランスに渡ってＧ・タルドにも師事した。米田が長期にわたる海外生活から帰国したのは一九〇一年であった。帰国後、同志社普通学校高等科の教師を経て、一九〇七年京都帝国大学文科大学哲学科の講師に就任する。米田は最新の欧米の経済、政治、社会的現実、社会学理論、経済学理論に長けていたばかりでなく、英語、フランス語、ドイツ語、ロシア語、ラテン語、そしてギリシャ語にも通じた俊英であった（中久郎、一九九八年）。彼は高田とは異なり、アメリカ、ヨーロッパの市民社会の陥穽を肌で感じ取り、その中で醸成された社会学理論の概念体系に込められた意味を十分熟知していた。

高田が第三史観を主張し、その論の中で人口の同質性と異質性との関係をとりわけ重視した。米田はこの問題を取り上げ次のように厳しく批判する。この人口の同質と異質の関係はギッディングスの最も根本的な思想の一つである。なぜなら、アメリカにおいてこの関係は想像を絶するほど政治的、経済的、社会的、そして宗教的、思想的現実問題と深く関わっている。つまり米田は、ギッディングスの主張にアメリカの黒人、アジア系に対する人種差別問題、それと関わる階級階層的貧困問題が、そしてヨーロッパにも同一の問題が存在することを十分理解していた。したがって、人口の同質性と異質性の関係に関するギッディングスと高田の認識には重要な差異が見出されると批判する。この米田の指摘は、高田社会学の理論体系を理解する際のキーワードとなる。米田は社会学を純理論として構成したが、その概念体系に欧米の資本主義の発展に伴う市民社会の功罪を刻印していた。いま高田との違いを際立たせるために、その一端を示しておこう。

米田は『輓近社会思想の研究』で労働者階級の解放（広い意味での社会的地位の向上）を穏健な社会政策的立場に依拠しながら欧米の労働者階級、労働運動の最新の文献考察を試みる。そしてその検討からの結論は、欧米におけるプロレタリア階級運動の法理的根拠が経済的権利も含めて、現在の法体系で保障されない以上自然法に求めなければならないとする。また『現代社会問題の社会学的考察』では、労働者階級の概念を明快に規定している。すなわち、法律上および政治上の自由を持ち、契約によって他者に雇用されて労働し、その労働に対する賃金で独立した生計を営む者、が労働者階級である。この概念から導き出される結論は、我が国の労働者階級は農業やその他の職業から移動し、未だ工業労働者として十分に分化していないと断じる。米田がこれほどまでに労働者問題に執着するのは、世界的な階級闘争の過激化、社会主義革命の現実化が一方であり、彼の師ギッディングスからの学問的継承、すなわち、ブルジョア的自由とその背後の社会問題の要因分析に拘泥するからである。現代社会において生じている経済問題が労働問題（＝社会問題）として立ち現れているがゆえに、米田は社会学の主要な分析課題の一つとしてそれを設定せざるを得なかった。

彼の思想的立場は、前記したように漸進的社会改良主義である。米田は、日本もこの世界的動向と無関係に存在することは不可能であると主張する。米田は日本の状況を、ブルジョア階級、貴族階級も勢力を保持し、労働者階級もその支配力を獲得しようと運動を起こしており、状況は錯綜していると診断する。そして米田は労働者階級が支配力を獲得することは世界の大勢であり、否定されるべきことではないとする。問題は、労働者階級がそれを自覚し、運動を過激にしないで万系一世の皇室体制を損なわない範囲で支配力を獲得すべきであると主張する。個人的な信仰問題と天皇制を内面的にどのように克服したのかはいま置くとして、このことは、米田の漸進的社会改良の実践的戦略戦術の提起として理解すべきものであろう。

このような米田の立場から高田は何を継承したのであろうか。米田と高田は社会学理論に込めた意味では同床異夢である。継承の側面に着目すれば、第一に、形式的には高田は米田から政策的要素を排除した純粋理論の体系化を継承した。この点について中久郎に依拠して整理すると次の通りである。米田の社会学理論は〝『社会学大系』近刊〟と一九二四年三月の雑誌『改造』に広告が掲載されたが、結局刊行されることはなかった。その理由は後述するが、彼の社会学理論は、実学から区別される原理を認識する「理学」という性格を持ち、かつ特殊哲学に属し、方法論、抽象的研究、具体的研究から構成されている。それらが組織社会学、純正社会学、総合社会学の三部門に対応する構成となる。社会諸科学の方法の整理が組織社会学であり、対象の事実を捉える抽象研究が純正社会学である。そして抽象された「事実」に他の社会諸科学によって抽象された「事実」を結合させることで現実の具体的事実を把握するのが総合社会学である。高田はこの米田の社会学体系から社会学理論の理学という性格を、そして個別科学としての社会学と純正社会学を継承した。敷衍すれば、米田が特殊哲学の一つとして措定した社会学を、高田は個別科学の一平民として純化させた。したがって、組織社会学と総合社会学を遺棄した（中久郎、一九九八年）。第二に、米田は現実の社会問題に対して自らの社会学的視座から積極的に発言した。もちろんその場合でも、論述のスタイルは必ずしもジャーナリスティックなそれではなく、社会学の先行研究を踏まえた形の学術的分析であった。高田も米田のスタイルとは異なるが自ら構築した社会学理論と経済学の理論を踏まえて、積極的に政策提言あるいは時局批評を行った。現実問題に対する積極的な関与の態度である。ただこの点は、米田の理論と実践の区別という方法的態度と、それを踏まえた米田の現実問題への積極的発言が、高田をして五高以来持ちつづけた現実問題への関心と実践への情熱の炎に油を注いだと言えるかもしれない。おそらく継承したのはこの二点である。

それでは継承しなかった側面は何か。第一は、米田が身につけた欧米の「教養」（キリスト教的ヒューマニズム、市民社会の観念）を踏まえた社会学理論の体系化である。高田は外国留学のチャンスがあったにもかかわらず老母を遠の江に置いて行くのを忍びないとしてあきらめたと自ら述べている。したがって、彼がおとずれた外国は上海と満州国のみであった。清水幾太郎がいみじくも指摘したが、「……高田は海外文献を紹介するというより、ご自分のオリジナルな学説を叙述するために利用するという態度である」（清水、一九八六）ということと高田の生活体験とが彼の内面で深く関連しているように思える。第二は、概念構成の方法的差異である。米田が労働者階級の概念を構成するにあたって、マルクス主義の賃労働と資本の関係、自然法上の自然権と労働者と言われる現実の無産者（欧米、日本を含む）を観察し、かつ統計的に把握しながら労働者階級の概念を構成する。これに対して高田は、力の欲望に基づく富、権力等の勢力の懸隔として演繹的に構成する。この演繹的に構成をする時の実在的根拠について、臼井は次のように指摘する。「先生の日常生活における体験、他の人々の体験、見聞した事柄……特異な事実を捉えて、これから先生のいわゆる法則を樹立」（臼井、一九八二）し、更に続けて、「このような歴史外とも言われるべき事実から社会学的法則を導き出す」（臼井、一九八二）と。例えば次のような事例である。路上の物乞いに金を投げ与えたのは貧しい巡礼者風の者であるが、富める者は振り向きもしない、という見聞を結合の強弱に援用し、「貧しい者は団結が強い」という解釈を導き、それを民族耐乏論に結びつける手続きである。高田の概念構成の方法が本質直観に依拠しているという指摘はこの一連の概念構成の方法にある。もちろんこの方法が無下に否定されるべきものではない。問題は構成の根拠としてどの実在根拠に依拠するかである。第三は、この「直観」を支える価値の実在的根拠が郷里遠の江にあること、言い換えれば、共同社会的結合にあった。これは高田固有のものであって米田から継承されたものではない。高田は米田との「学問的出会い」においても、終生この価値の核心を変えることはなかった。

高田と米田の師弟関係において、外からはうかがい知れぬ側面があるように思える。それは、米田の京都大学の定年前の退職と前記した社会学の著書が刊行されなかった問題と関連している。米田は一九二〇年四七歳で教授に就任し、一九二五年五二歳でその職を辞した。その理由が種々取りざたされた。例えば彼が被差別部落出身であったというのもその一つである。中久郎によれば、米田が一九二〇年に京都帝国大学文学部の旧学位規定で、すなわち「学位を授けるべき学力ありと認められたるもの」として文学博士の学位を授与された。ところがこの規定がすぐに改定され、それによって学位を授与された日から六ヶ月以内に論文を印刷・公表するということが義務づけられた。米田はそれに応えられなかったというのがその辞職の理由である。因みに高田はこの新規定による文学博士の第一号であり、『社会学原理』の最終篇である「社会結果論」が授与論文であった。

ところで米田ほどの者が何故という疑問が当然生じてくる。この後の事柄は確たる証拠があるというのではなく、「確からしい伝聞」に依拠している。米田の弟子銅直勇は米田の自宅で刊行される予定の『社会学大系』（学位論文）の原稿を見ている（これは事実として確認されている）。しかしそれは刊行されなかった。住谷悦治が米田の愛弟子である五十嵐信から聞いた信用のできる話として、刊行されなかった理由は、高田が米田の講義ノートを骨子にして、それを補強し、大著『社会学原理』として先に刊行してしまったからというのがその理由であったとされる。米田と高田の著書が内容的に全く同じではないにしても、その骨格において類似するものを米田が出版するのを躊躇し取り止めたという伝聞である。小笠原真も述べているように、雑誌『改造』に出版の広告が掲載されたのが一九二四年一二月、高田の『社会学原理』が刊行されたのは一九一九年である。この五年の差をどのように説明するかの問題は未だ残されている。ただ中久郎も述べているように、この問題の解釈は慎重の上にも慎重に扱うべきであるというのは、ことの性質からして至極当然であろう（中久郎、一九九八年）。

米田の門下から高田、臼井二尚を含め多くの学徒が巣立って行ったが、注目すべきは社会事業、社会政策の実務家が数多く育成されたことである。京阪地方社会施設の確立、すなわち大阪市の初代社会部長、京都のそれも米田の門下生であった。米田の学問関心からすれば当然であったろう。これに対して、高田の門下では高田自身経済学の教師として就任した期間が長かったこともあり、社会学の分野からは小松堅太郎、大道安次郎等の理論家は育ったが、当然のことながら米田の門下生のごとき実務家の人材は輩出しなかった。

(2) その後の高田保馬

前節では米田と高田における理論的継承と断絶に着目し、それに師弟関係のエピソードを重ね合わせてみた。この項では、米田のもとで卒業論文を書いて提出した時期以降の高田の学的生涯の概略を紹介するにとどめたい。

高田は米田の指導の下で一九一〇年に卒業論文として「分業論」を提出する。この論文の中に後の『社会学原理』で展開される体系の萌芽が提起されていた。一九一〇年に京都帝国大学大学院に入学し、一九一四年に同大学法科大学講師に就任してフランス経済書の講読を担当した。当時、他の大学においても社会学の講座が整備されていなかったこともあり、米田のところで学んでいた(もちろん独学の場合も多かったが)経済学を担当することになる。高田はこの時以来、研究の力点が後に社会学から経済学に移行することはあっても経済学と社会学の両方の講義を担当していた。一九二九年、河上肇の後任として京都帝国大学の経済原論を担当したが、この時においても関西大学で社会学の講義を行っていた。高田はフランス経済学の講読を担当した時から数学の研究を始めたが、その成果を『大数法論』（有斐閣、一九一五年）として非常に早い時期に著書を刊行している。この研究がなければ、経済学者高田は存在しなかったろう。

京都帝国大学の講師に就任し、また数学の研究成果を刊行してまさに疾風怒濤の勢いにのる若き高田は、一九一五年に佐賀の郷里の近くの神崎に実家がある神崎実業銀行の頭取大石太郎の三女きぬと結婚する。妻きぬとの間に一男三女をもうけるが、長男と次女は早世した。高田は母親もさることながら自らの家族を大変大事にした。しかしこの高田も結婚直後から胃の疾病に苦しみ、妻きぬに度々癇癪を起こしたとされる。東京商科大学（現在の一橋大学）の辞職の原因もこの胃病であった。この胃病は後に癌であることがわかって手術された。しかし術後の経過が良かったこともあり、高田は社会学と経済学の膨大な著作と論文を世に問う一方で、マルクス主義者達等との長期にわたる精力的な論争を繰り広げるという超人的な活躍の足跡を残した。戦後においてもその勢いが衰えず、高田は一九五一年に大阪大学経済学部、大阪府立大学経済学部の教授を歴任した。そして一九六四年、高田は「わが国『社会学の父』ともいうべき地位をしめ、社会学の組織的、基礎的研究の労作を発表して海外の大きな反響をよんだ。また経済学の分野でも、資本と利子の問題で大規模な業績をあげ、わが国社会科学向上に貢献した」(「朝日新聞」一九六四年一〇月二七日)として文化功労者に選ばれた。なお、高田に関する著書の年譜で文化功労者授与の時期がすべて一九六五年になっている。おそらく最初の誤った記述に基づいて、執筆されたからであろう。それはともかく、高田が「わが国社会学の父」であるかは本書を読んだ読者の判断に委ねるほかはない。輝かしい業績への讃辞に包まれ、そして衰えることを知らぬ高田も一九七二年に天寿を全うして彼岸に旅立った。享年八八歳であった。

第2章　高田社会学の理論体系

高田保馬の社会学に関する著書

1　高田社会学の理論を構成する基礎概念

(1) 社会有機体論から心理学的社会学へ

高田社会学を内在的に理解するために、一九〇〇年代から二〇年代にかけての日本の社会学の流れを多少とも念頭に入れておく必要がある。一九〇五年の日露戦争終結以降、日本は重化学工業を中心とした産業構造へと転換していく。この重化学工業化は、一方で、労働運動の昂揚、そして民主主義的制度要求へと連接し、他方で、天皇制イデオロギーに基づく国民道徳（国体論）の強化が進められていく。この時期の社会学は、東京帝国大学の建部遯吾が中心となって国民道徳の強化に社会学の立場から協力した。建部が国民道徳の強化に用いた社会学理論の基礎は社会有機体論であった。建部は米田の協力を得つつ日本社会学院（一九一三年〜一九二五年）を設立した。但し、米田は設立には協力したが、その後学会誌に寄稿することはあっても実際の組織運営から離れていった。建部は社会有機体論を根拠として総合社会学を主張し、日本の社会学の指導的立場に君臨した。

このような建部らの国家主義的な社会学の流れに抗して、ほぼ同時期に遠藤隆吉、樋口秀雄等による心理学的社会学が展開されていたことに留意すべきであろう。社会諸科学の帝王としての総合社会学は社会学固有の対象を確定できず、それに規定されて社会学の方法の未確立という内在的問題を抱えていた。心理学的社会学の主張は総合社会学（＝社会有機体論）へのアンチテーゼであると同時に、個別科学確立への自己主張でもあった。遠藤、樋口等の理論的基礎はギッディングス、デュルケーム、タルドであり、彼等から意思結合説を導き出してくる。遠藤は一九〇〇年にギッディングスの『社会学原理』を訳出した当人でもあった。社会有機体論の全体があって個人がないというのではなく、個人間の心理的結合に社会学固有の対象を見出す。この流れにジンメルも彼等を支える有力な理論として加わることになる。日本社会学院の設立とその活動に協力した米田の師はギッディングスとタルドであったが、高田は米田を師としつつこの心理学的社会学、そして個別科学としての社会学の確立に向かう大きな流れの中に位置した。この位置づけからすれば、秋元も指摘するように、個別科学としての社会学の主張者は高田ではなく遠藤にその栄誉を与えても不思議ではない（秋元律郎、一九七九年）。

高田が欲望と結合の社会学を展開したのは、この意思結合説の流れに沿ったからである。付言すれば、高田はジンメルを初めて読んだときに涙が出るほど感激したと述懐している。しかし高田自身はジンメルの影響を受けつつも形式社会学をとらなかった。高田は確かに結合を軸に論を展開するが、ジンメルのように形式と内容を厳密に区別することはなく、秋元が指摘するように、社会をむしろ実体概念として捉えていた。また臼井二尚も高田社会学は結合の学ではなく結合体の学、すなわち集団の社会学としたのは秋元と同様に正鵠を得た指摘である（臼井二尚、一九八一年）。

以上のことを踏まえて、高田が主張する個別科学としての社会学はどのような理論的構造を有しているのか。それを第一に、高田の社会学方法論、第二に、欲望と結合に基づく理論構成、第三に、人口と結合定量の法則に着目して明らかにしてみたい。

この項のまとめとして、第一番目の社会科学の方法論について簡単に言及しておきたい。高田は稲上毅の指摘のごとく「見地主義」に立脚する。認識主体が自らの見地（＝価値）を認識対象である歴史的文化的実在に関係づけて認識対象を摘出する。この見地主義に立脚する限り、見地間の優位性はなく、したがって、そこから摘出される認識対象間にも優位性は生じない。この立論は、米田が社会学の方法を他の諸社会科学の方法の上位に置いた（組織社会学）、換言すれば、他の社会科学の方法の整序役という意味で社会学に重み付けをしたその側面を、高田は継承しなかった。

ところで、この摘出された対象を見地から普遍化（＝分析的要素に分解）する。普遍化の所産としての社会法則の摘出の方法として概括法が提起される。それは統計的方法によりその一般的継起性（例外も含まれるが）を明らかにするそれである。但しその摘出された法則は自然法則のような厳密な因果連関のそれとは異なり、傾向律（＝客観的可能性）とされる。ここで重要なことは、摘出された法則が時間と空間を超越して妥当するという非歴史的性格を持つことである。後述する結合定量の法則、利益社会化の法則がそれである。但しこの法則の摘出過程は具体的に明らかにされていない。この法則は、人口が増加すれば日常生活において社会関係が希薄になるという生活実感から導き出される「傾向」の範囲を出ていない。高田のいう普遍化の過程は次項での社会の定義に至るプロセスが一つの事例となる。

(2) 欲望と結合に基づく理論構成

高田はあらかじめ構成されている見地を歴史的文化的実在に関係づけて社会を「有情者の結合」あるいは「望まれたる共存」と定義する。この見地の構成プロセスと望まれたる共存の構成とはおそらく同じである。この定義に至る構成のプロセスは次のごとくである。

(ア) 極少人仮説の設定。彼、彼女は経済的欲望、防衛の欲望、性欲という基本的欲望を保持している。

(イ) この欲望は本能ではなく社会化された欲求である。目的という知的要求と結びついて欲望となる。

(ウ) 極少人が反復的に接触し、接触を好む傾向が形成され、群居の欲望（接近の欲望、交通の欲望から構成される）が分化し、共存という状態と共同生存の欲求からなる「望まれたる共存」

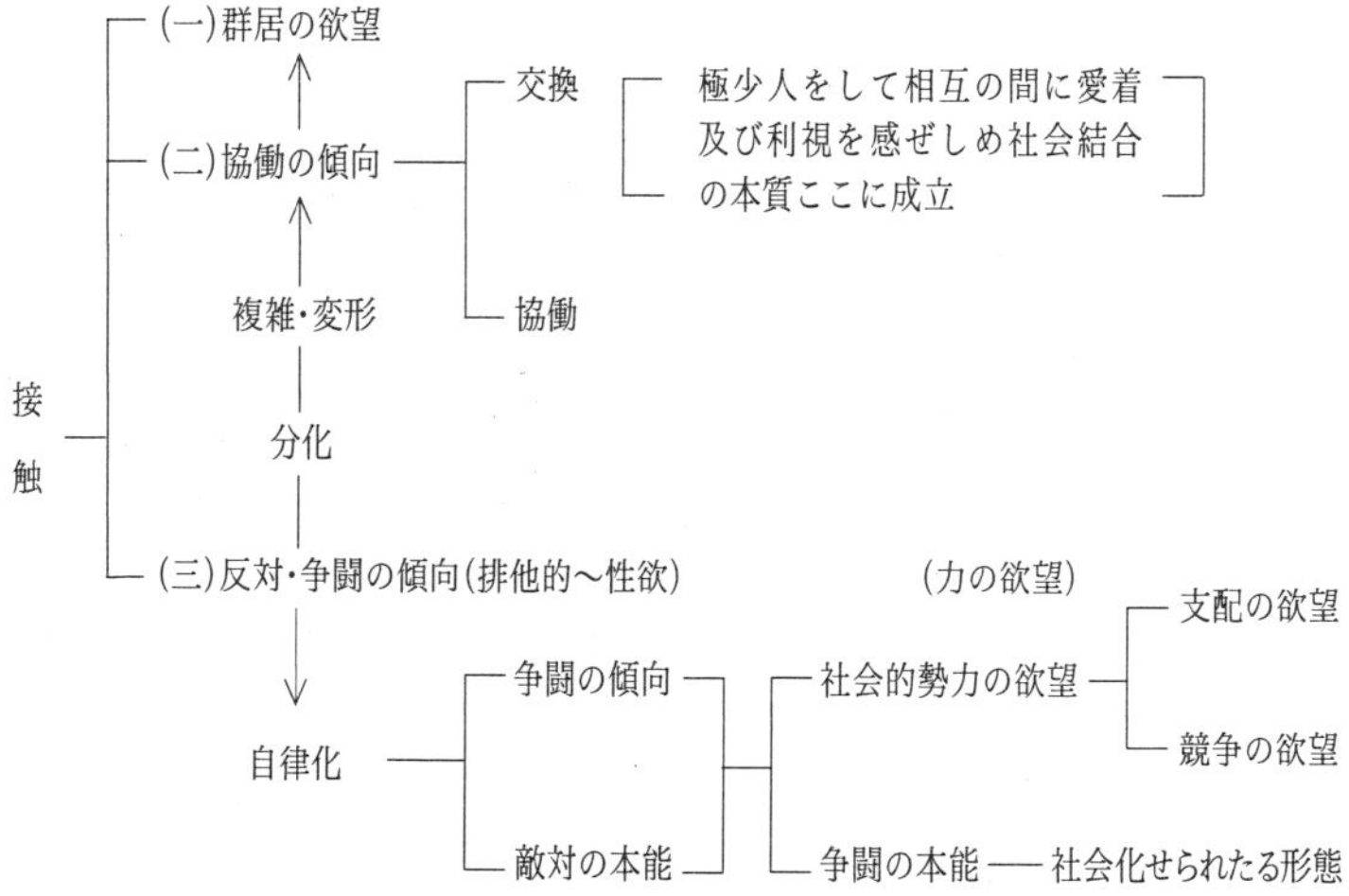

接触に源泉を有する欲望の分化

(=社会)が構成される。

これが心理学的かどうかは別として、極少人が置かれた諸条件の変化を仮設的に設定して欲望の分化を演繹する。接触に源泉を有する欲望の分化は上記図のごとくなる。

社会的勢力説に基づく高田の階級論も、性欲から反対・争闘の傾向が分化し、そこから、ある人間の多様な能力が他の人間のそれらよりも勝りたいとし、その優勢を他の人々から認められたいとする力の欲望が分化する。この性欲を源泉とする力の欲望の形成は、争闘の欲望、優勝の欲望、誇示の欲望から構成される。そしてこの優勝の欲望から支配の欲望と競争の欲望が分化する。しかし欲望の分化だけでは必要かつ十分な条件ではない。この欲望の分化が結合と結びつかなければならない。

前記したように、高田の論理は極少人モデルの設定から構成される。同類の極少人が群居の欲望により「望まれたる共存」（共同生活をしたいという欲求とそれに基づいて共同生活している状態）という状態を形成する。この同類の極少人相互の結合は同質結合（愛着の結合）を形成する。この同質結合が集団内の協働の進展により異質結合（知識、風俗、習慣の差異）を分化させる。異質結合の分化の過程は、同質結合で形成されている集団が外敵に対して防衛行動を繰り返す過程で、特定の目的を実現しようという恒常的欲望を分化させる。すなわち協働利益の意識の分化である。これが異質結合を生み出す。このように欲望と結合が並行的に分化し、それらが結びついて社会を構成する。

それでは、この社会はどのようなものとして設定されるのか。高田は群居の欲望と同質結合の組み合わせによる全体社会を設定する。この全体社会には社会紐帯（地縁、血縁、利益の共通）が未分化の状態で堆積している。この社会紐帯の分化そして分散化が一方の社会分化である。他方の内部分化は分業と階級の形成である。分業は社会成員の「業」（職業とほぼ同意）の差異であり、人口の増加と力の欲望がこの形成に寄与する。人口の増加は需要の拡大を容易にし、力の欲望は、成員自身の欲望を充足させるために何らかの「業」を営ませる。人口要因と力の欲望は分業を形成し、それを発展させる。階級は、社会の上下の地位による区画である。その一つ一つの区画が階級である。社会の成員はその地位に応じてどれかの区画に属する。この上下の差異は力の差異、すなわち権力、才能のそれであり、力の欲望の発現形態である。社会はこの二つの形式で内部分化する。

他方、征服等による外部社会との合体、同化による外部分化がある。この征服という分化の形式（争闘の欲望が関与）から国家が形成される。国家の概念は後に多少変化するのであるが、『社会学概論』（一九二九年）の執筆段階では階級支配の組織と規定される。高田によれば、国家は統治機関を備え、かつ国家の内部においては支配階級と被支配階級に分かれ、前者が後者を支配している。支配の目的は経済的利益の搾取である。国家が階級支配の組織と規定される所以である。

これで高田社会学の理論を構成する道具立てがだいぶ出そろってきた。欲望と結合により構成される初発の同質結合の社会、同じく力の欲望と結合そして人口増加の要因により分業と階級が内部分化する。他方、征服により国家が外部分化する。支配階級が力の欲望を充足させるためにこの国家を掌握する。しかしこれだけでは支配する側は力ずくの支配になり、支配階級は被支配階級による激しい抵抗に遭遇し、支配の持続性が保障されなくなってしまう。それを回避するために、社会意識と社会組織による統制が提起される。この場合はあくまでも社会意識が主役である。社会意識は、社会の成員を一定の方向に向かわせる欲望である。それが何故、どのように社会の成員を拘束（＝統制）するのかである。その要点は社会と個人の関係にある。高田によれば、一度成立した社会は個人を超えたものとして成員に意識される。その論理は次のごとくである。社会成員が社会に愛着と尊敬の念を持つということは、社会成員は社会のために何事をもしようとする意識を内面化することである。一度内面化されたこの意識に対して、社会成員に選択の自由はない。これが自発的な統制である。それでは社会が分化するとそれぞれの社会が持つ社会意識間に優劣の差は生じないのであろうか。それは当然存在するが、支配階級の意識が各分化した社会のそれに強い影響を与える。被支配階級にも支配階級の社会意識が内面化されれば、支配の持続性が保障されることになる。この国家概念と支配の論理はマルクス主義の影響が確かに刻印されている。

それでは、社会組織は支配、社会意識とどのような関係を有するのか。その前に社会組織とは何かである。社会意識によって内面外面から統制された社会成員がある特定の目的を実現するために相互に関係を取り結ぶ。その集団の総体が社会組織と規定される。したがって、社会組織間には従属的あるいは対等な関係が成立する。社会意識はこの従属、対等の関係の中にもぐり込む。

ここでようやく全体社会（統治の範囲と重なることに留意）、部分社会（国家、階級、家族等）、社会意識、社会組織の布置の構造が支配との関係で浮かび上がってくる。

(3) 社会の構造変動の論理

第二項で明らかにした欲望と結合という高田社会学の基礎概念で構成された社会は何を起動因と

してどのような変動の軌跡を描くのか。この点について高田は結合定量の法則を提起する。社会成員の接触する範囲が拡大するにつれて成員相互の結合が弱くなるという傾向に着目し、ある時代の全体社会に配分されている結合総量は一定と結論づける。したがって、全体社会の内部で部分社会に分化が進行すれば、その分化した社会にある量の結合が配分される。結合総量は一定であるから、全体社会、部分社会の結合の強度は弱まる。これが結合定量の法則の具体的な中身である。

これまでの高田の論理にしたがえば、同質結合の社会は人口の増加を内部要因として、一方で、分業の発展、階級の形成、他方で、社会紐帯の分散により分化する。そのこと自体は接触の範囲を拡大させて異質性を増大させ、結合の強度を弱めていく。高田社会学の社会変動の論理は、人口増加を起動因として部分社会への分化、同時に結合定量の法則に基づき社会成員間の結合が弱まるというそれであり、言い換えれば、この事態が時空を超えた動かし難い普遍的傾向律として立ち現れるという論理である。高田の社会変動はこのような普遍的傾向律で示される。

高田はこのような傾向律を設定する一方で、この傾向律と矛盾した「傾向」を構成する。第一は、異質性が増大し、結合が弱まるとしても社会の成員間に必ず同質性が共有されているがゆえに、全体社会の構造は維持される。第二は、部分社会の一つである国家には他の部分社会と同様に権力が配分される。国家は他の部分社会と異なり武力（権力の一種）を保有している部分社会である。高田は結合定量の法則と同様に「権力定量」（法則とは言っていないが）を設定する。国家は権力が最大に配分された部分社会である。しかも国家は部分社会でありながら地理的範域において全体社会と重なる。この論理の帰結は明白である。全体社会内部の結合の弱体化は国家によって統制（制御）される。もちろん前記した社会意識も制御機能の一つであることに変わりはない。

部分社会の増加、結合の配分量の変化は時間と空間を超越した傾向律であるとされ、権力の配分も同じ傾向律から導き出されて来る論理であるが、この傾向律を前記した第一の同質性の共有、第二の国家という部分社会により変動を統制しようとする論理を、高田は他方で用意周到にも提示する。このように同質性から異質性への分化は変動を示す時空を超えた普遍的な傾向律であるとは言っても、時間という尺度を挿入しなければ、次節で展開される論理を具体的に理解することは困難である。

2　高田社会学における基礎社会（共同社会）と派生社会（利益社会）

(1) 共同社会の結合特性とそのイメージ

欲望、結合、人口、結合定量の法則という基礎概念（道具立て）が出そろった。この道具立てに

<table>
<tr><th colspan="3">社会の種類</th><th>社会紐帯</th><th>具体的社会</th></tr>
<tr><td rowspan="2">結合の種類</td><td>直接結合</td><td>直接社会（共同社会）
（内的結合）</td><td rowspan="2">地縁
血縁</td><td rowspan="2">家族
村
国家
民族
（共同社会）</td></tr>
<tr><td>直接間接結合</td><td>直接間接社会
（内的結合・外的結合）</td></tr>
</table>

基礎社会（共同社会）

より、前項で多少とも言及したが、高田社会学の中心課題である社会形態の変化とその方向性が展開される。その社会形態とは基礎社会（共同社会）と派生社会（利益社会）である。ここでは基礎社会と共同社会、派生社会と利益社会を同じ意味で使用する。ただ、基礎社会、派生社会はカテゴリーとしての側面を持っていることも留意したい。

いま基礎社会を縦軸に結合の種類、横軸に社会の種類で表にしてみると以下のように構成される。この基礎社会を構成する直接結合（＝内的結合）は愛着の結合である。その特徴は無条件の結合、犠牲的結合、社会の存続それ自体が共同欲望という結合（＝個人は社会に絶対的に依存）である。

共同社会を構成する結合の特性は以上であるとしても、この結合特性から描かれる共同社会をイメージすることは案外難しい。内的結合（要素としての共同社会）の性質は前記したとおりであるが、これを別の言葉で表せば、成員が無限定的に愛着の感情を抱く相属の感情、ある種の具体的経験は別としても神話等の共有による「我らの体験」である。相互の絶え間ない接触の用意、そして相属している者として互いに認知するという意味での互知である。これらの性質を有する内的結合が支配的な社会（定型としての共同社会）は有機体的な社会像として描かれる。

（a）社会成員の関係において、全体と分肢のそれである。

（b）目的は社会の維持それ自体であって個人はそのための手段である。

（c）社会構成員の行為は反対給付を要求しない給付からなる行為（贈与）である。

（d）「我ら主体」が各構成員の中に組み込まれているが故に、相手の内容に同化し、追従し、当為の要求に従う。

（e）社会意識と個人意識に境界がなく、それらは同一である。

このような社会が現実に存在するかどうかはともかくとしても、ここに描かれる共同社会のイメージは、愛着の結合に基づく対価給付を要求しない一方的に与える行為が基底に据えられる。生命有機体とそれを構成する細胞の関係のように、全体（＝生命有機体）が個（＝細胞）を統合し、あらゆる面で全体が個に優先する社会である。意識において差異性（個性）がなく、身体的、精神的側面においても類似に基づいた社会である。

(2) 利益社会の結合特性とアノミックな社会像

派生社会（利益社会）を構成する間接結合は次のような特徴を有する。一定の利益のために結合する。言い換えると、利益がなければ結合しない。社会は個人の目的達成の手段、すなわち、他者は自己の目的達成のための手段という関係にある。この結合から構成される派生社会は、個人の独立、個人の自由が強められ、かつ拡大し、文化の発展という特徴を有している。この文化の発展とは、高田によれば、既存の文化に新しい内容が付加されることである。派生社会化はそれを促す法則によって益々強められる。第一に、社会紐帯分散の法則によって促進される。すなわち、社会紐帯の分散により社会が分化し、空間が拡大する。第二は、社会紐帯錯綜の法則である。それは個人の派生社会への分属の拡大である。第三は、利益社会化の法則である。個人の接触範囲の拡大、接触密度の増大、それに伴う利益による結合の増大である。

筆者は「はじめに」のところで高田には利益社会論が欠落していると指摘した。ここでは、そのことを検証するために利益社会の像を描いてみたい。やや遠回りになるが、高田が学位を取得した『社会学原理』の最終篇「社会結果論」で示される文化の発達、自由の伸展、個性の形成について吟味するところから始めたい。

『社会学原理』（『社会学概論』もほぼ同様の構成であるが）の構成の根幹は次のごとくである。

社会の種類			社会の紐帯	具体的社会
結合の種類	間接直接結合	間接直接社会（利益社会） （外的結合・内的結合）	類似の紐帯	
	間接結合	間接社会 （外的結合）		株式会社 職業団体 （利益社会）

派生社会（利益社会）

（a）社会の概念構成（定義）。

（b）その社会がどのように分析的に構成されるのか。

（c）構成された社会が分化・分散してどの基礎社会、派生社会範疇に分類されるのか。

（d）前記二つの範疇に包摂される社会はどのように変動するのか（発達方向）。

（e）変動していく社会はその所産としてどのように文化の発達、自由の増進、個性の形成を促すのか。

派生社会範疇を特徴づける利益社会化を摘出するためには、派生社会の所産でもある文化、自由、個性の発達の論理と自由で個性的な諸個人が逆に派生社会範疇のどのような諸部分社会（利益社会）を形成するかに着目する必要がある。いまそこに立ち入る前に、社会の所産である文化の発達、自由の伸展、個性の形成について明らかにしておこう。

第一は、文化の発達である。高田はこの文化を〝人々が有意味な活動をすることによってつくられたものの総体〟と規定する。そして文化の発達を〝複雑化・異質化〟とし、「異質」を従来と違う新しいもの、その複合体が「複雑化」である。文化の発達を促す要因と発達の論理の大枠は次の通りである。

（a）人口の増加が階級を形成し、それが分業を発達させる。

（b）階級の形成は上位の階級に力の誇示を、下位の階級に上位のそれに昇ろうとする力の欲望を喚起させる。

（c）前記（a）（b）によって新しい質の文化の形成とその複雑化を促す。

第二は、前記した文化の発達と相互促進的な自由の伸展である。自由には社会的自由と道徳的自由があり、後者は内面的自由であるが故に社会（＝他者）と直接関わらないため、前者が検討の対象となる。社会的自由は、他人に拘束されないという消極的意味で公民的自由と、自分自身の意志に従い、他人を支配し利用するという積極的意味での政治的自由がある。この自由の伸展は人口増加が規定要因となる。人口増加は、一方で、社会分化を、他方で、社会的密度の増加を促進し、それらは接触する相手の頻々な交替と直接的な結合の希薄化を誘発する。この事態は、他方で、階級的束縛（＝社会組織による統制）と社会意識による統制を減少させる。故に、社会的自由は増進する。

自由の極大化の社会が存続・維持されるための究極の要件は、極小規範（＝社会意識）と極小管理（＝社会組織）の存在である。

第三は、個性の形成である。個性とは、ある一定の性格・素質を持つ個人が生活の中に文化を取り入れる際に、その性格・素質というフィルターを通して取り入れた文化を特有な形に組織化する、それが個性である。したがって、この性格・素質とそれに基づく文化の組織化が他者との違いを際だたせる。個性の拡大は社会の個性と逆比例の関係に立つ。なぜなら、個人の個性の発達は社会の個性が極小化されるからであり、その究極の在り様は人類社会であることを展望する。この点こそが、高田をして「世界主義者」と評価する根拠となっている。もちろんここでの論点は高田が世界主義者であるかどうかではなく、利益社会の像を浮かび上がらせ、そのことと関わらせて利益社会論の欠落を明らかにすることである。

これまで述べたように、社会の所産としての文化の発達、自由の増進、個性の形成によって諸個人がどのような社会を形成するのか、その時の諸個人にどのような欲望が作用するのかである。高田は社会の存続・維持に必要な最小限の極小規範と極小管理への言及にとどまって、それらが利益社会における諸個人の社会的行為の規制とどのように関わるのか、更には、事態の変化に対応した新たな質の規範がどのような論理で形成されるのかについての言及はない。言い換えれば、この論点に関する高田の議論はすべて「形式」としての規制の消失、弛緩の論理であって、その中からどのようなものが形成されるのかが欠落してしまっている。それが形式社会学の影響を受けた高田の議論と言えばそれまでであるが、そうであるにしても、これまでの論点をつなぎ合わせると、そこでの諸個人の欲望に動機づけられた行動は次のように描かれる。高田によれば、利益社会の究極のモデルは株式会社である。それは、一面的利害による接触、言い換えれば、お互い全てが他者を手段化するという意味で商人となる社会関係であり（＝交易化）、他方で、社会意識と社会組織による拘束・統制が弛緩する社会である。利益社会化の過程で形成されてしかるべき新たな質の文化、政治的自由に込められる新しい社会規範の形成の論理が欠落しているため、奔放な個性を持った、そして無規範ともいえる自由な諸個人がすべて商人のように行動し、利益のみが行動の規範尺度というアノミックな社会の像が描かれる。それは高田が最も忌み嫌った無秩序で、全体のために犠牲を惜しまないという結合特性の失われた社会像である。

筆者が高田において利益社会論が欠落していると述べたのはこの意味においてであり、それが高田社会学の理論内在的なものであることもあわせて指摘しておきたい。

(3) 利益社会化への危惧と理論の再構成

高田は、人口の増加、結合定量の法則のおもむくところ、「基礎社会から派生社会」へと変化することを理論的に確認する。そして高田は自ら構成した社会形態の変動に彼の「想い」を投影する。彼は派生社会の特徴を個人の独立、自由の拡大と述べた。しかしそのことが持つ意味の受け取り方は高田特有のものである。彼の主張を解釈すると次のごとくになる。

〝派生社会を構成する成員は、家族だとか、故郷とか、ましてや自分が信じる宗教とか生活の習慣などというものは持っていない。彼らはコスモポリタンとしてひたすら自分の利益を追求する人間である。彼らは全員が商人であり、彼らの関係は商取引を行うというその限りで他人と関係を持つに過ぎない。この商人の関係が原子化された個人である。この傾向は人類の将来を考えると絶望的な状況以外の何ものでもない。しかし私の派生社会に対するこの様な評価は今は置いておこう。〟（高田保馬、一九一九年）

この高田の派生社会に対する「想い」は、米田が高田に与えた、理論と現実評価との間に一線を画さなければならない、という訓導を超えてしまっている。理論家の立場を超えて若き高田の内なる「想い」が「純理」の立場を思わず超えてしまったと言い換えても良い。しかし『社会学原理』の段階では、この「想い」は未だ高田の心の内に止まっていた。やがてこの「想い」が内なる心の段階から理論の再構成へと大きく踏み出していく。この踏み出しは、一方で、利益社会化に対する批判的「想い」を「純理」へと昇華し、他方で、それを踏まえる形で「時局」発言に積極的に関与する理論的根拠の提供を含意した。第一章で明らかにした言論を通しての政治運動家への跳躍である。

それでは理論の再構成とはどのようなものか。前記した表を手掛かりに説明したい。その理論的再構成の核心は、直接結合（＝内的結合）と間接結合（＝外的結合）の組み合わせの中にある。その萌芽は『社会学概論』の中に既に存在していたが、明確に提起されたのは『社会関係の研究』（一九二六年）である。理論的核心は定型としての共同社会と要素としての（結合としての）共同社会の区別にある。つまり直接結合から間接結合が派生することである。言い換えると、間接結合の派生は直接結合の存在を前提にするということである。定型としての共同社会は定型としての利益社会（＝派生社会）に移行するが、定型としての利益社会を結合の側面から見れば、直接結合（要素としての共同社会）がその移行に重要な機能を演じていることに変わりはないのだ、という理論的再構成である（高田保馬、一九二六年）。この再構成の意味は、結合に何らかのインパクト（＝方策）を与えることによって利益社会化の遅速を変更することができる、という理論的根拠を与えたことである。高田が現実の必要性に駆られて理論的再構成をしたかどうかは別として、時局発言をするにあたっての有力な理論的根拠を得たことに変わりはない。それが理論的に有効であったかどうかは次節以降で展開することにしたい。

このように大正期（一九一二～一九二六年）における高田社会学の形成・展開を大正デモクラシーとの関連で考察すると、高田はデモクラシーの伸展過程を是とするイデオローグではなかったことになる。学位取得論文とした「社会結果論」で展開された自由、個性の伸展と文化の発達という形式それ自体は大正デモクラシーの流れに沿っているが、彼の意図はそこになかった。彼の心底にある価値意識はそれとは逆のベクトルを示していた。「社会結果論」と利益社会化を重ね合わせて見れば、彼の価値意識とは裏腹のアノミックな社会像があぶり出される。高田には自由・個性・文化の発達が民主主義の発展を保障し、民主主義がそれらを一層伸展・発達させるという相互促進的な視座が欠落していた。その意味からすれば、高田の社会学大系の展開と大正期は不幸な出会いであった。

3　階級、社会、国家、そして第三史観

(1) 高田社会学と階級

森嶋通夫が指摘するように、高田は『社会学原理』（一九一九年）で彼の社会学の体系を確立した。

その後の学的生涯の中で、その体系自体に大幅な変更が加えられることはなかった。体系提起後の高田の仕事は、その体系を構成する基礎概念と論理の精緻化に向けられることになる。

五高時代の高田は「社会主義と詩人」で富の偏在を憂いた。それは豊かな階級とそうではない階級の懸隔であった。したがって、高田の階級論は彼の理論構築の原点に位置するものである。高田は階級概念を次のように規定する。階級は社会の成員が地位の上下によって種々に区画されたものである。したがって、この区画されたものが階級である。それでは、この区画の基準となる上下の差異とはどのようなものか。それは力の差異であり、権力、才能のそれである。これらの差異はどのように形成されるのか。高田によれば、社会の上位を占めている諸個人の中で作用する力の欲望が起動因となる。この力の欲望の発露が権力、富、才能の差異として現れ、この権力、才能を持つ諸個人達がそれを守ろうとするために団結する。その結果、権力、才能を持った諸個人とそうではない者達とのグループ分けができる。これが階級であり、その形成の論理である。

分業の展開と階級形成とは密接不可分の関係にあるが、高田において、この関係はどのように把握されるのか。高田の論理は、階級が分業を決定する、と極めて明快である。この意味は、諸個人は自分の階級所属に基づいて、その階級が独占する職業群の中から一定の職業を選択する。したがって、威信、すなわち社会的評価の高い職業は権力のある上位の階級が独占する。高田の論理によれば、分業の展開は多様な職業の形成と同意であり、階級は権力によってその中からより社会的評価の高い職業を独占する。したがって、富は上位の階級に、貧困は下位の階級に偏在するということになる。

力の欲望を主導因として形成される階級は、全体社会（ある地理的範囲で区画され、その範囲の中で集団及び集団を形成していない諸関係の総体）を構成する部分社会の一つとして位置づけられる。高田が主張してやまなかった貧富の偏在の解決は、力の欲望に基づく競争の結果形成されるのであるから、封建社会、資本主義社会、社会主義社会であろうとも不可能ということになる。解決の可能性は、力の欲望（＝誇示の欲望）の発露を何らかの方法で抑制するしかない。その場合誰が、どのような方法でその欲望を抑えるのかという問題が生じる。他の選択肢は後述する富の平準化である。

高田はこの階級問題の解決を階級の自壊として提起する。それを理解するためには共同社会から利益社会へと変動する過程をいま一度確認しておく必要がある。その過程とは、人口の増加が社会的密度の増加を促す。これが人々の一面的接触を頻々にし、利益社会化を促進させる。この社会的密度の増加と階級の在り様との間に文化の発展を介在させることによって、次のような論理が展開される。階級の形成は力の欲望に源泉を持つ誇示の欲望にあり、自らの階級を他のそれと区別するためにも絶えず新たな文化内容を形成する。なぜなら、他の階級は優越する階級の文化内容を絶えず取り込み同化し、その懸隔を縮小しようとするからである。

ところで共同社会において優越する階級は権力階級であり、利益社会におけるそれは経済階級である。前者は地位の原理で区分され、後者は富のそれで区分される。そして後者の階級間の懸隔は前者より小さいとされる。階級構造の変動はこの区分原理が変化することである。前記した利益社会化の過程で、階級の区分原理である地位が富に変化し、他方で、優越する地位の交替という階級関係の変動が生起する。高田の論理に従えば、資本家階級に富が集積する。その富の集積が資本家階級全員に享受された場合、富の余剰が生じ、富を集積し維持するシステムが弛緩する。他方で、その余剰になった富は野性的勢力を保持している労働者階級に集中する。そうであるとすれば、利益社会の中で経済的階級関係が交替するか、有産者と無産者との間の富の量において平準化が進み、文化の内容において同一化が伸展したとき階級は自壊する。その究極の姿は階級の消滅である。これが高田の階級自壊の論理である。野性的勢力というこなれない用語を除けば、彼の論理は明快である。結論部分にのみ着目して現在の視点からそれを再解釈すれば、これを階級の自壊と見るよりも、所得という基準に基づく階級・階層間の所得の平準化と理解できる。そうであるからといって、高田を階級・階層の平準化を唱えた先駆者、あるいは大衆社会論の先駆けとして位置づけ得るかどうかはもっと検討が必要であろう。

(2) 力の欲望の制御主体である国家と社会

高田の国家把握は展開の時期において多少の違いがあるにしても、その核心は次のごとくである。第一は、国家も全体社会を構成する一つであるということ、第二に、国家は階級支配の組織であること、そして第三に、国家は防衛の組織であるという点である。以上のことを踏まえて、国家を軸に据えてそれとの関わりで社会、階級の関係を明らかにしよう。

国家の形成過程については詳述しないが、一方で、共同社会における人口の増加、その防衛という系、他方で、征服という分化の形式の系から導き出される国家の形成である。前記したように、高田は国家の核心的機能の一つとして階級支配を措定した。この国家という団体は統治機関を備えているばかりでなく、その内部は少数の支配階級と多数の被支配階級に分かれている。もちろん前者が後者を支配する。この支配の内実は、高田によれば、経済的搾取にある。かくて国家は少数者による政治的経済的支配の組織ということになる。この国家規定はマルクス主義的な国家概念の用語を一部使用しているが、むしろ高田特有のものである。第一に、階級そのものの捉え方が異なり、第二に、国家成立に関わる征服は支配の欲望に起因するからである。その場合、征服によって形成された国家は経済的搾取それ自体が目的ではなく、征服それ自体が目的となる。加えて、国家は部分社会の一つではあるが、武力を含む権力の独占を要求し、その独占要求のために、国家は内外の敵から他の部分社会を防衛・統制する主要な役割を担うことになる。

このことから、国家と社会の関係が導き出される。その主要な関係は秩序の問題である。国家と他の部分社会を権力の相互関係から見ると、国家以外の部分社会も権力という意味では国家と同様の権力を持っている。唯一異なる点は、国家が武力を独占的に保持しているというそれである。確かに統制機能という側面から見ると国家も他の部分社会も差異はないが、武力を含めて権力の配分量に大きな差異がある。権力の配分量から全体社会を構成すると、国家を頂点とするヒエラルヒーの形態をとる。頂点としての国家の権力量は最大であり、かつ武力を背景とするが故に他の部分社会を圧倒的に統制することになる。国家は部分社会の一つではあるが、他の部分社会とは異なり、権力の独占による防衛・統制機能を担うことから、社会の分化が行われても社会意識の機能と相俟って全体社会の秩序が維持されることになる。

このように国家の統制機能に着目すれば、国家は部分社会の中で特異な地位を占めていることがわかる。ここで問題は、高田が国家を基礎社会の範疇に位置づけていることである。基礎社会から利益社会へという長期変動の中で、国家は衰退していく運命を辿ることになる。国家を重視する高田にとってこの問題は難問である。この難問をどのように理論的に解決するかである。国家が基礎社会範疇に属する以上、国家の団結の強度、権力の強さの衰退は免れない。高田は国家、社会の隆盛を人口増加に求める一方で、その人口要因は派生社会へと突き動かす。この二律背反の矛盾をどうするのかである。

ここで基礎社会範疇に国家と家族が組み込まれていることに留意したい。基礎社会から派生社会へという長期変動を横軸に、そして縦軸にステージを取る。このステージで斬ったその断面図を考えてみたい。高田によれば、家族の持っている機能、全体社会に存在する結合定量、そして基本的な結合の種類から見て、一方の団結が強固になれば他方のそれは弱体化するという逆行的関係が存在する。ステージで見る限りの社会変動である。横軸の長期変動で見れば、家族の主要な機能は国家に、そして他の派生社会範疇に属する部分社会に吸収されつつある。これは基礎社会と派生社会、そしてそれぞれの範疇に属する部分社会間の関係に関する高田の一般理論である。しかし、高田はこの一般理論から論理的には矛盾する命題を引き出す。家族の結合原理と国家の結合原理が同じであれば、前者の団結が後者のそれを促進する、という命題である。一般的命題で言えば、結合原理において同一ならば、部分社会相互の関係の強度は相互促進的に機能する。ただ自然の流れにまかせれば、一般変動命題に規定されるから、国家の衰退と家族のそれを回避するには、何らかの政策的ファクターを入れざるを得ないことになる。高田は、日本の国民は血縁の親和性を非常に強く自覚している、と考えているから、この論理は必然的に家族国家観に連接していく。高田の言葉で言えば、一国の統一があるから家とか村の統一もあるのだ、ということになる。一般命題と下位命題の論理的切断は、筆者が読み取る限りでは縫合できたとは思えない。

(3) 社会変動と第三史観

これまでは国家を軸にした社会変動の一般理論とその一部ではあるが下位体系について言及してきた。一般命題と下位命題の間に抜き差しならぬ論理的亀裂があることも指摘した。更に高田は、国家、社会、階級を包含した社会変動の一般枠組みとも言える第三史観を提起する。この提起は明らかにマルクスの社会構成体論を意識していた。

高田が第三史観を公にしたのは一九二五（大正一四）年の『階級及び第三史観』である。その名称の由来は、過去の歴史観の系譜を鳥瞰したとき、精神史観、唯物史観が存在した。高田が提起する社会学史観は第三番目であるが故に第三史観と称したわけである。しかし彼はその著書で述べているように、『社会学原理』が出版される以前にその大枠を明らかにしていた。それは一九一三（大正三）年に執筆された論文、「唯物史観の論理的組立」である。この論文の中心命題は、人口の増減が結合をいかに規定するのかであると同時に、後の第三史観を唯物史観に対置する準備作業であった。したがって、『階級及び第三史観』の刊行は、既に輪郭を示していた彼の第三史観を精緻化させる作業の一つであったと言える。

高田が第三史観を唯物史観との関連で、かつ唯物史観を止揚する意味で書いたと述べていることは、彼が唯物史観を問題とせざるを得なかった日本の状況を考慮する必要がある。日本へのマルクス主義の本格的紹介は大正期（一九一二年〜一九二六年）であり、高田が『階級及び第三史観』を刊行したときは、学問の分野、更には労働、社会運動の領域においてもはやそれを無視できる状況ではなくなっていたことである。

高田は五高時代にマルクス主義の洗礼を受けたと自ら述べている。確かに「社会主義と詩人」はその「洗礼」を想起させる。彼のほとばしる情念と平等への憧れ、そのロマンチシズムは、早熟な理論的理解を除けば他の若者と同様である。高田のその後の社会学理論の展開の軌跡は、マルクス主義と重なることはなく、むしろ理論的、思想的な全面対決という方向を辿った。なぜそのような対決の方向を辿ったのかを理解することはそれ程困難ではない。これまで明らかにしたように、天皇制への信奉を根底に据えた農村的秩序と連接する家族国家の統合論理へと展開した高田の社会学がそれらを否定するマルクス主義と重なるはずがなかった。言い換えれば、高田は終生農村的秩序の観念から離脱することはなかったし、それを規範とした社会統合のシステム構築に腐心した彼からすれば、資本主義の止揚、そして天皇制の廃絶へと至る論理を孕むマルクス主義を容認できなかった。

高田の第三史観とはどういうものか。概括的に言えば、高田はE・デュルケームが『分業論』（一八九三年）で提起した社会変動の理論的枠組みに着目し、それを組み替えてマルクスの社会構成体に対置したものと言える。その要点は次のごとくである。説明の出発点に、まず社会の「量質的組立」を置く。その中身は、量の側面では人口密度、質の側面は成員の異質性である。高田の論理は、この人口が変動の規定要因となる。人口の密度、成員の異質性が社会関係、すなわち結合と分離の関係を決定する。この社会関係がその他一切の社会事象の内容、変動を決定する。これが精神史観、唯物（＝経済）史観とは異なる第三番目の社会学史観（＝第三史観）である。

この中でマルクスの生産力にあたるのが社会の「量質的組立」である。社会の「量質的組立」は社会的相互作用を含まない。それは多くの人々が密集し、性質的に異質の者が社会的相互作用をしないで単に「共存」している状態を指す。異質性の具体的内容は、宗教的信念、政治上の意見、言語、風俗、権力、富等である。そしてこれらに生理的、心理的異質も含まれる。

マルクスの生産関係に相応するものが「社会関係」である。この概念は、生活上、社会成員が相互に取り結ぶ関係すべてと規定される。この「社会関係」の内容は、分業、階級、社会的集団の分立である。これら三つがより固定的組織になったのが政治的法律的制度である。この「社会関係」がマルクスの上部構造にあたる「政治的法律的制度」をつくり、他方で経済と観念を決定する。土台にある「社会関係」が彼の展開してきた社会学理論であり、生産力にあたるのが人口である。それでは高田の「経済」とは何か。「社会の物質的生産そのもの」であって、生産から生じる人と人との関係ではない。何がどのように生産されるのかということが主要命題となる。したがって、生産対象に適応される技術に重きが置かれる。この技術の発展は「社会関係」によって規定される。ようやく第三史観の論理構造の輪郭が見えてきた。最後は、社会の「量質的組立」と「社会関係」との関係である。高田によると、一定の「量質的組立」を持った人口が「社会関係」を決定する。その逆はない。人口の自己増殖が「社会関係」を決定する。彼の第三史観（＝社会変動の一般枠組み）が人口決定論と言われる所以である。

第三史観の中で独立変数として扱われ、社会変動の規定要因として重視される人口は、一九一三年の論文「経済的諸条件の出生率に及ぼす影響」あたりから提起されている。一九二〇年に刊行された『現代社会の諸研究』は、日本の人口増加の原因を諸外国との比較で論じている。それによると、日本の人口増加の原因は商工業の発展と、個人主義的思想がヨーロッパほど浸透していないためであると分析する。個人主義思想は日本の都市の上層階級に浸透しており、人口減少の徴候が既に存在すると指摘する。欧米諸国はより豊かな生活を享受するために上層階級へ上昇しようとする力の欲望が作用する。そのためには少子化が不可避になるという論理である。このように、高田は欧米諸国の人口減少の原因を個人主義思想に求める。

高田がこれほどまでに人口に執着するのは、それが高田社会学理論の中核を占めているというばかりではなく、人口の増減が彼の重視する国家の盛衰と密接不可分の関係にあると考えるからである。このことから、高田はやがて日本における個人主義思想浸透の阻止、ということに腐心することになる。つまり共同社会は人口の増加に伴い利益社会の方向へ進まざるを得ないというのが『社会学原理』で体系化された理論展開である。人口の増加による利益社会化は、結合定量の法則からして個人をアトム化し共同社会を衰亡させていく。高田がこのような動かし難い傾向律（法則）を一方で提起しながら、他方で、社会の法則は人間の自由なる意思で変容し得ると主張する。日本は伝統的に共同社会であるから、それが利益社会化を防ぐ根拠となる。つまり理論的には、前記した要素としての共同社会の分離である。

結論的に言えば、第三史観はＥ・デュルケームの社会変動論を、マルクスの社会構成体に即応させて高田なりに組み替えたということになろうか。ここでも留意すべきは、高田の問題の焦点が、いつも共同社会の盛衰に向けられていることである。

4　幻想の民族論

(1)民族と民族的自我

高田は民族の問題に関心を抱いたきっかけについて述べている。『社会学原理』を執筆した一九一七年以降、資本論、マルクス主義文献を批判的に読み始めた。しかし広島高等師範の教授に就任する一九一九年にはその検討もやめてしまったとされる。そして一九一九年、郷里遠の江に帰る途中、民族のことが胸中に浮かんだ。この述懐には高田特有の言葉の「あや」はあるにしても、『社会学原理』の執筆段階では階級が全面を占めていて民族があまり意識されていなかったとの回顧は事実であろう。ただ共同社会に執着する高田の信条からすれば、民族問題が彼の社会学大系に付け加えられることは時間の問題であったろう。『現代社会の諸研究』（一九一九年）の一論文が民族問題重視の転機となったと高田は述べている。おそらくそれは「人種問題私見」の一文であろう。なぜなら、その論文で中庸の民族が生き残るという、彼の民族論の核となった民族周流論が主張されているからである。

ところで高田は自らの民族論を、『社会学原理』で展開した「基礎社会の拡大縮小の法則」に理論的根拠を置いている。この法則とは、力の欲望が基底に据えられ、その作用と人口増化で地理的範囲を含む基礎社会が拡大し、それに伴ってより小さな基礎社会が縮小する。この法則を根拠とする高田の民族論の構造を明らかにしたい。

高田の民族に関する論述は時局発言をまとめた『人口と貧乏』(一九二七年)以来、積極的に展開されている。『民族論』(一九四二年)を除けば、『民族の問題』(一九三五年)、『東亜民族論』(一九三九年)、『民族と経済』(一九四〇年)はいずれも理論的というよりも彼の思想性を端的に示している論述である。更に、民族に関する言及が戦局が激しくなるにつれて多くなっていることも特徴的である。この思想性を理論的にまとめたのが一九三九年から四〇年に龍谷大学での講義を基礎にした『民族論』(一九四二年)である。

高田は民族をどのように概念化しているのか。高田は民族を、広範囲な同類の間で共同生活を求めようと意識している集団、と定義する。彼の民族概念が主観的と言われる所以である。この主観的要素は単独で存在するのではなく客観的要素に支えられている。それは血縁の共同(血縁に基づく類似)と共同の文化(言語、宗教、習慣、風俗、道徳の共通)から構成される。民族はこれらを共通の過去として有していることを、そしてそれらを共同の運命として意識する。それ故、民族は共同生活を求めようと意識することになるのだと説明される。

血縁の共同と共同の文化、共同の運命を紐帯とした民族はやがて近代民族へと成長する。それでは近代民族とはどういうものか。形成された民族が集団的勢力要求によって結束を増していったときに近代民族となる。言い換えると、民族防衛と自らの優越性を求めるという理想あるいは目的を共同で追求することによって民族の結束を強め、そのような積極的姿勢を民族が取るときに近代民族と言える。ここで重要な論点は集団的（＝民族的）勢力要求である。この勢力要求は民族的自我へと展開する。民族的自我とは、個人に自我があるように、民族にも個人のそれを超えた自我がある。その自我が求めるものは自我の伸展・拡大である。つまり自己拡張的な無限衝動の構造である。したがって、民族の将来は、この民族的自我がどの方向に向かって充足運動を行うかによって決定される。更に、留意すべきはこの民族が家族、国家と並んで基礎社会範疇に属する有力な集団であるという点である。

(2) 民族主義・国家・帝国主義の相互関連

民族主義は民族的自我の追求（＝勢力要求）それ自体をさす概念である。したがって、民族主義は民族的自我に基づき民族の勢力獲得・維持のために民族国家を形成し、勢力要求に基づき民族国家の拡充（＝国家の領域の地理的拡大）を求める。このことから、国家は民族的自我の追求（＝充足）手段として位置づけられ、同時に国家は民族の鋳造手段ともなる。なぜなら、集団的勢力要求の充足手段である国家は共同目標（＝勢力要求）を「前近代民族」に追求させ、近代民族へと転換させる鋳型の機能を果たすからである。敷衍すると、国家が統合のための権力機関であることは既に明らかにした。ある国家がその勢力要求に基づいて他の国家を征服する、あるいは平和的に融合したり、集団的に移住した場合、その国家の中に複数の民族が共存することになる。国家は統治の必要からこれら異民族に対して宗教、言語、婚姻等の同化政策をとる。つまり国家は国家組織相互の接触を通して、あるいは征服または融合した国家への従属を通して血縁の融合（婚姻）、共同の文化、共同の運命をつくり上げる。そのことによって所属成員を一つの民族に鋳造する。この鋳造の鋳型が国家組織であり国家意思である。高田の国家が民族をつくるという主張の根拠はこの点にある。民族の形成（＝民族的自我の形成）↓民族国家の形成↓国家による新たな民族の形成という連鎖系の成立が現実の世界の状況とどのように関わるかの具体的提示はない。それは時局発言を待たなければならない。ともあれ理論の構築に沈潜しているときは現実との関連を厳しく禁欲するという高田の態度は貫かれている。

この民族成立の連鎖系と帝国主義はどのような関連を有しているのか。高田は帝国主義の概念を規定する一方で、資本主義との関連に言及する。民族はこれまで述べたように基礎社会範疇に属し、国家を手段として民族的勢力要求を追求する民族主義へと転形する。そしてこの民族の勢力要求がある段階を超えたときにそれは帝国主義の形態をとる。いかなる民族もこの自己拡充の無限衝動を潜在的に持っている。言い換えると、どの民族も帝国主義の形態をとりうるということになる。民族主義は国家という機構を通して作用する限り、本来、潜在的に帝国主義である、という高田の主張は彼の論理に拘泥する限り的を得ている。高田は民族の勢力意思の発現形態を帝国主義と規定するが故に、民族主義と帝国主義は国家を介在させることによって形態転換するという原理的関係を持つ。

これに対して資本主義は個別的利潤の追求にあり、他方で、利益社会化を推し進める。資本主義は国家の武力を背景に資本輸出、領土拡大のために帝国主義を手段として活用する。したがって、両者は相互手段化の関係にあっても民族主義と帝国主義のような原理的関係にはない。このことから高田は、民族主義と資本主義は前者が統合、後者が分散化という逆機能関係にあることを提示する。この命題の持つ意味は、第一義的には、民族主義と帝国主義が原理的関係を持つということ、第二義的には、資本主義と帝国主義が相互に手段的関係にあることの確認である。これが高田の主張する広民族主義の理論的根拠となる。

資本主義の発展は、一方で、国防単位の拡大、他民族との接触・共同の拡大をもたらす。他方で、民族主義は帝国主義の形態をとりながら自らの勢力要求の拡充をめざす。両者は相即して領土の空間的拡大、民族併合へと連接する。もし民族が自らの拡充要求を充足し得なければ、民族の存続・発展は達成できない。この拡大の手段は戦争と平和的融合（＝広民族主義）である。高田によれば、前者がドイツの持っている手段であり、後者は日本が持っているそれである。

この後者の広民族主義は次のような展開となる。交通の発達↓接触の拡大↓文化の交流と利害の連接↓弱小国家を形成する民族の強大な国家（民族）への依存↓同類意識による結合、という連鎖系である。この連鎖系の展開が、高田の持論である東亜民族主義である。広民族主義の論理的帰結が現実において平和的融合をもたらすかはまた別の問題である。なぜなら、高田の主張する戦争は、民族的自我の優越要求が侵害されたときに、相手の意思の排除が原因となる。弱小国家を形成する民族といえども民族的自我は存在するのであるから、広民族主義を理論的にシミュレートすれば侵害する相手の民族的自我を必ず排除（＝戦争）する。「強大な国家への依存」から「同類意識による結合」へと至る過程には、軋轢、対立、抵抗、戦争状態等の局面が論理的に設定し得る。平和的融合へと至る高田の広民族主義は彼自身の論理構造（民族的自我の無限拡充）からして極めて困難である。民族的自我の無限拡充という論理のもとで、強大な国家を形成する民族同士が広民族主義で平和的に相互に融合することが本当に可能であろうか。その意味で言うと、理論と現実の乖離からくる高田の国際感覚はリアリティを欠落させた楽観主義として立ち現れる。

ところで高田の民族論において考慮しなければならないもう一つの特徴がある。それはパレートのエリート周流命題を民族周流にアレンジした議論である。隆盛を極めた民族が何故に衰退するのか。高田はそれを次のような因果連鎖で提起する。生活の高水準化↓個人主義的傾向の伸展↓利益社会化↓民族的団結の衰弱、という因果連鎖である。高田の問題関心は当然のことながら日本民族の衰退の阻止にある。この因果連鎖から導き出される結論は必然的に「政策的論議」と結びつく。高田は、生活水準の上昇の阻止、個人主義化と利益社会化の経路を遮断することに腐心する。このことは一個人の政策提言と行動で解決する問題ではない。その政策実行の主体は国家とならざるを得ない。どのような政策を提言したのかについては第６節で明らかにしたい。

(3) 幻想の民族論

高田の民族論の核心は以上で尽きるだろう。それでは何故これが幻想の民族論なのかである。高田の民族論と歴史的現実が大きく異なったから、あるいは彼の理論では現実を説明できなかったという結果論から言うのではない。彼の民族論と「時局発言」を重ね合わせることによって、彼の描いた構想が「見果てぬ夢」であったことを導き出せるからである。

高田は民族に関わる時局発言で、大国による東洋支配を議論の前提に置く。したがって、日本の戦争遂行はヨーロッパ諸国による東洋支配を終焉させる歴史的使命を持つものであり、また民族の自己防衛であると主張する。言い換えれば、日本の戦争遂行は「聖戦」という意味づけを与えられる。そうであるとすれば、高田の民族論の立場から「満州事変」（一九三一年）、「日中戦争」（一九三七年）はどのように論じられるのか。両戦争について、高田は、日本の民族主義それ自体から結果したものと結論づける。満州事変は日本の国家・民族の生存のために生じたものであり、民族の自衛の必要からそうせざるを得なかった、と主張する。日中戦争については、中国が満州事変の結果成立した満州国に恨みを抱き、抗日を国是として反日闘争を止めようとしないからだ、と断じる。したがって、日中戦争は満州事変の延長であり、日本にとっての後始末であると位置づける。

高田の主張せんとすることは、第一に、中国を含むアジアの本来の敵は欧米の東洋支配にある。第二に、満州事変は日本の民族自衛にある。したがって第三に、中国は日本を敵とするのではなく、欧米に対して抗戦すべきである。第四に、日本民族には欧米からの有色人種解放の宿命を担わされている。そうであるとすれば、第五に、日本、満州、中国は血において近く、かつ共同の文化を持っているのだから東亜の結束は民族的原理として可能であり、そのことが第一義的目的となるべきである。以上が高田の主張する論点である。高田からすれば、中国が日本に対して抗日闘争をくりひろげることは目的をはき違えており、言語道断ということになる。高田の民族論からすれば、血と文化の距離に関わりなく各民族が自由で対等な連合・連携・協力を組むということは論理的にあり得ない。なぜなら、それが可能となるためには、欧米の自由思想、民主主義思想の浸透による利益社会化を許容し、自らの民族論を抜本的に組み替える必要が生じてくるからである。もしそれを行えば、日本を盟主とした東亜民族の解放の主張それ自体が理論的に崩壊してしまう。

ところで、東亜民族の解放を宿命的に担うとする日本民族とはどのような特質を持った民族なのか。高田によれば、第一に、純粋な血族団体としての民族、第二に、意識として拡大家族、第三に、同質性による団結の強さである。この特質は、日本の家族が皇室から別れた分家であり、天皇は君主であると同時に宗家の家長、そして日本の家族の家長であるということに由来している。たとえそれが虚構であろうともである。

これらの論点から高田の民族論をどのように評価すべきであろうか。これまで明らかにしたように、高田の民族論の核心は、勢力意思の無限充足という民族的自我にある。言い換えれば、それは優勝劣敗の原理へと帰結する。したがって、高田の「目線」は日本を除くアジアの民族を絶えず下に見る可能性を有する。アジアの諸民族は「白人」からの解放に名を借りた日本による新たな支配の対象となる。高田の民族論は一方的な結合要求はあっても、要求される側の視点、支配される民族の側からの視点が一貫して欠落している。このことは、高田民族論の基礎である社会学理論の核心が「一方的な有情者の結合」の性格を強く持っていることを示唆している。

高田の民族論は、社会学と同様に演繹的に構成されている（もちろんそれが否というのではない）が、その構成過程で経験的事実をどのように踏まえたのかということの示唆はない。中国、朝鮮民族が日本のそれと血において近く、文化において共同性を有するということをどのような根拠で構成したのか、もしそれが仮説命題であるとしたならば、それはどのように検証されるのか。中国、朝鮮民族、東南アジアの諸民族が日本民族と〈一体化〉することを経験的事実として要求しているのか。もしそうであるならば、それを可能にする諸条件の社会学的な分析と検証を踏まえた言及が必要であるにもかかわらず、それらは一切ない。「血において近く、文化において共同」という命題は、高田の「思い」を論理的構成物に仕上げたのであって、根拠のない「幻想」にすぎないことになる。幻想の民族論というのはこの意味においてである。

幻想の民族論であるが故に、高田は何故に中国が日本に抗戦するのかを理解しようとしなかったし、できなかった。彼はただひたすら白人種からの解放を前提に、日本と中国の血の近さと文化の共同性を強調し、他方で、中国の民族主義を次のように非難する。すなわち、中国の民族主義はその考えからいって一貫したものではないし、むしろ歪曲されたものである。本来の民族主義に戻れば（ヨーロッパによる東洋支配からの解放……筆者注）、それは東亜の諸民族の結合の障碍にならず、むしろ促進要因になると。このように中国の反日闘争を民族主義のはき違えと非難する。

高田は一九四二年京都大学を退官した後、一九四三年に国策として設立された民族研究所の所長に就任する。民族研究所の設置目的は、当然のことながら国家の民族政策の一翼を担うことにあった。高田の言葉を借りれば、民族政策は民族関係を調整するための国家政策である。この民族研究所設立の理念と目的は彼の民族に関する考えと合致した。日本を盟主とし、高田の「目線」からすれば、遅れた東亜民族への接近策の推進、そのための研究である。

高田は国家による民族政策遂行の一端を担った民族研究所設立に積極的に同調したが、日本の社会学や民俗学者のすべてがこの流れに呼応したわけではない。この研究所の設置目的を「うさんくさい」ものと見た研究者達がいた。独自の民族文化圏を展開した有賀喜左衛門もその一人である。有賀はこの研究所の設置について、「それであれはとにかく大東亜共栄圏というもののなかでもって、いろいろな民族を研究するちたって、それはある制約の……、政策に沿って都合の良い研究をやらせようていう、そういう方向だったでしょ、あれ。……私は民族研究所ちゅうものができた動機というのはあまり良くないと思うね。だから私はあんまりあれにはタッチしなかったです」（有賀喜左衛門、二〇〇〇年）と述べている。

「広民族主義者」そして「愛国者」高田が東亜民族の一体化を強調すればするほど見果てぬ夢と

して現実から遠ざかっていった。まさに彼の民族論は「幻想」の民族論であった。

5　社会学と経済学の結合――勢力経済学の展開

(1) 経済学との出会いと経済学研究史での位置

高田は恩師米田から経済学の著書を借り受け勉強に励んだと述懐している。高田が一九一四年に京都帝国大学法科大学の講師に就任して担当した科目はフランス経済書講読であった。更に、一九一九年、高田は広島高等師範学校教授として赴任し、そこで経済学と社会学を担当した。一九二一年には東京商科大学（現在の一橋大学）から教授に招聘され、経済学史と社会学を教えることになる。この時代、多くの国立、私立の大学では社会学の講座が十分整備されていなかったため、高田も既に整備されていた経済学分野の教師に就任せざるを得なかった。社会学は未だ経済学のそれに比べて従的な地位に位置づけられていた。高田が経済学の研究を本格的に始めたのは、一九二四年二月に持病の胃の疾病により東京商科大学の職を辞して郷里の遠の江に帰り、一九二五年五月に九州大学教授に迎えられ、経済原論と社会学を担当してからである。つまり、高田の全体的学問研究は一九二〇年代中期以降からその研究上の比重を社会学から経済学に移動したと言える。

ところで経済学分野の高田の業績はどのように評価され、位置づけられているのか。門外漢の筆者では高田の業績を評価することは不可能である。したがって、ここでは早坂忠、森嶋通夫の高田評価に即して検討してみたい。早坂、森嶋は高田の経済学分野の業績を高く評価すると同時に、その評価の力点が当然のことながら異なる。その共通するところは、我が国の理論経済学の発展との関連で、高田が中山伊知郎、安井琢磨とならんで日本への一般均衡論導入の先駆者の一人であるという一点にある。理論経済学の分野で一九二九年から三二年にかけて刊行された高田の『経済学新講』全五巻がこの業績に当たる。

いま森嶋による高田の経済学と社会学に関する評価に着目したい。森嶋は高田の経済学、社会学の理論体系の性格に着目する。彼は高田の『社会学原理』と『経済学新講』は相似形であるとする。なぜなら、両者とも同じ道具を使って同じ方針で作られた姉妹建築であると。どのような意味かというと、高田はまずもって理論の体系を提示する。そして次に理論的に未整理の部分、不足している部分を補強していく。森嶋はこの高田の理論の組立を、囲碁の「寄せ」の喩えで示している。したがって、高田の経済学の体系も社会学の体系も生涯変わらないことになる。森嶋は高田の理論構築の仕方をケインズ、シュンペーターと比較して「完全主義者」と称している。ケインズは自分の理論を絶えず否定しながら展開していく弁証法型、シュンペーターはイノベーション型として高田に対置する。この意味は、ケインズ、シュンペーターとも当初構築した理論をその後の展開過程で絶えず修正し、最終的には最初に提起した理論と大きく異なってしまっていることに頓着しなかったことである。これに対して、高田においては、前記したように、構築された当初の理論体系は補強されることはあってもその根本において微動だにしなかった。この森嶋の高田評価に従えば、『社会学原理』以降に展開された国家論、階級論、民族論そして第三史観は「寄せ」に該当する。言い換えれば、苗床は『社会学原理』にある。

(2) 勢力経済学の展開

高田が社会学研究に引き続いてそのエネルギーを傾注した一般均衡論研究の企図はどこにあったのか。それは正統派経済学（一般均衡論）と自らの勢力説（＝社会学）を結合することにあった。その契機は、職業、性別、人種別の賃金格差が限界生産力説では十分説明がつかない、更には失業者を取り込んだ限界生産力によって賃金が決定されていないという点にあった。言い換えれば、勢力要因（今の社会学ではジェンダー＝社会的性差要因だが、勢力要因とも言える）を組み入れた方がより良く説明できるという主張である。高田は、労働力供給サイドの勢力動機に限定して均衡論と勢力説を結合させようとしたが、それ以上の具体的な展開、分析を行わなかった。ただその究極の狙いは次の点にあった。すなわち、勢力経済学の体系を軸に一般均衡論を勢力の作用が零の値を示す極限化された状態の理論、つまり勢力経済学の特殊理論（＝下位理論系）として位置づけることにあった。言い換えれば、勢力経済学を正統派とし、一般均衡論を勢力経済学の下位体系として位置づけることにあった。しかしその大いなる野望とは裏腹に、いずれの狙いも達成することはできなかった。そして彼の言説はその後も一貫して黙殺された。

その理由は明快であった。賃金決定を勢力要因と結びつけて説明する命題が、数理モデルとして提示できなかったこと、したがって、数理的にその命題を実証できなかったからである。森嶋によれば、一九三〇年代から五〇年代は経済学の数学化の時代であり、高田の数学力はこの流れに事実としてついていけなかったことに帰因すると。ただ、一九七〇年代に入って、経済学が数量化の熱病から解放されても高田の理論命題は黙殺されたし、過度の数量化（＝抽象化）に伴い現実遊離に陥っているという近代経済学への批判が政治経済学の必要を要請したにも関わらず、やはり高田の命題はかえりみられなかった。森嶋は、日本の経済学研究者が日本での先行研究よりも諸外国のそれを、あるいは現在流布している、その可能性のある理論に競って注目する悪しき習慣があるからだとする。その点は経済学ばかりではなく社会学でも同様の傾向が見られる。そして、その指摘は正鵠を得ていることも確かであるが、最大の原因は数理的に検証できなかった高田にあったことは言うまでもない。ただ年齢的にも、そこまで責めるのは酷というものであろう。

一九九五年、森嶋は高田の勢力経済学の諸説をまとめてマクミラン社から英訳版、*Power Theory of Economics* を刊行した。刊行の意図は、第一に、経済学が数学化の熱病から解放されつつあること、第二に、現実遊離という近代経済学批判の流れの中で、政治経済学の要請とともに社会学的経済学の可能性もあながち否定できないという点に、そして第三に、高田の勢力経済学は日本の戦後の高度経済成長とその派生的事態をより良く説明できるということ（理論的有効性）、したがって、高田の勢力経済学は今後十分かえりみられるチャンスがあるし、そうあって欲しい、と判断したことにある。

それでは第三の点と関わって、森嶋は高田の勢力経済学のどの点にとりわけ注目するのか。高田の社会変動論が人口の量質的増加を起動因としていることは既に述べた通りである。人口を内政変数とすれば、高度経済成長は生活水準の向上をもたらし、世帯規模の縮小（＝少子化）を派生させ、労働力不足を誘発させたという事実への着目である。また、元請―下請関係における製品価格の決定を価格理論で、過労死の問題を限界効用の理論では説明できず、むしろ勢力関係要因の作用を組み込んだ高田の勢力経済学の方が未だ理論的有効性があると森嶋は考えた。労働者は働くことによって得られる効用と不効用の均衡点まで労働市場から離脱しないと説明する限界効用の理論では日本の労働者の過労死を説明することは確かにできない。むしろ企業の管理システムとそれに組込まれた勢力関係から説明した方が合理的である。森嶋の指摘を是とすれば、労務管理論、経済社会学等の個別分野で高田の「復活」の可能性がまったく皆無だとは言えない。

理論の復活、継承そして発展というのは確かに森嶋の言う通りであろう。しかし森嶋も、早坂も時局発言と彼の社会学理論、経済学理論の関係、その歴史的意味を含む形でのトータルな評価を避けてしまったことは否めない。

6　時局発言の一貫性

(1) 高田保馬の心性と信条

高田は本能的と言えるほど利益社会化を嫌悪する。なぜなら、個人の自由、独立は、高田の理想とする犠牲的な結合、無条件の結合で形成される家族、そしてそれと同一の原理に基づいて外延的に形成される村、国家、民族とは相反するものだからである。

これまで明らかにしてきたように、高田の命題は、一方で、マクロには共同社会（＝基礎社会）が衰退し、彼の嫌悪する利益社会（＝派生社会）へと移行することであった。他方で、高田は、結合というミクロの要因に着目し、その結合に何らかの適切な「方策」を適用すれば、共同社会から利益社会への進展を押し止めることができると考えた。その「方策」は高田個人が提案できるとしても、集団に、すなわち国家に実行の主体を委託せざるを得なかった。この「方策」提案が時局発言であった。ところで、高田の思想性と言わないまでも、彼が重視する信条の諸点を列挙すると次のごとくになる。

(ア) 利益社会に対する嫌悪、共同社会に対する無限包容の愛着。
(イ) 家族、国家、民族の団結の重視。
(ウ) 天皇を中心とした国体への限りない忠誠。
(エ) 自民族中心主義と自民族の優位性の誇示。
(オ) 和魂洋才重視の道具主義者。

高田の心性は、これらの信条の受容に親和性を持ったものとして佐賀の郷里遠の江で形成され、その心性に埋め込まれたものと（ア、イ、ウ）、五高、京大での教育と研究の過程で形成・付加（エ、オ）されたものもあろう。高田が米田との出会いで、彼に「実践の学」ではなく「純理の学」をと諭されたにも関わらず、高田は「実践の学」への思いを終生断ち切れなかった。その思いが時局発言である。付言すれば、高田は米田に師事しながら欧米の社会学、経済学理論を吸収し、それらを自らの理論に組み替える作業に沈潜したが、欧米における社会学、経済学の社会史的、思想史的背景に想いを馳せることはなかった。米田とは異なり、上海と満州にしか外国に出なかったために、自らの社会学的想像力転換の契機を持ち得なかったことにもその原因がある。高田は、その研究の視座に定位する価値に、「遠の江」の生活体験を終生ひきずっていた。

(2) 時局発言の要諦

それでは高田の時局発言に耳を傾けることにしたい。数多くの時局発言が提起されているが、その中で刊行された時期に着目することによって、満州事変以降、日中関係、欧米との関係が悪化していく過程で出された『貧者必勝』（一九三四年）と太平洋戦争に突入した翌年（一九四二年）に刊行された『民族耐乏』を取り上げたい。農村問題、民族と階級問題、そして国民皆貧論に注目することによって、時代の進展でそれらが二冊の時局発言集の中でどのように変化したのかを検討する。

まず『貧者必勝』での主張は以下のごとくである。

第一は、農村問題である。高田は、農村の疲弊の原因が農産物価格の下落にあり、その事態は資本主義経済の必然的結果であるとする。主要な農産物である米、繭が外米の輸入と、輸出国であるアメリカの不景気、更には人絹生産の増大によって農家が四面楚歌に直面しているとする。しかも収入が減少する一方で、生活、生産のための購入商品が農家支出を他方で増加させている。そうした農家の困窮に対して政府はどのような政策をとったのか。主たる政策は米価引き上げ、低金利の融資、そして国家補償である。

高田はアメリカ等で農業の機械化による生産性が向上している事態を見据えて、政府によるこれらの政策を厳しく批判する。彼の提案は、第一に、自治体改革に向けられる。つまり自治体の自治権の拡大か中央集権のどちらかの選択である。彼は後者の方が現実的かつ効果的であるとして、中央政府の権力を強めて都市からの税徴収を強化し、それを農村部により多く配分せよとする。第二に、農村の自給性の向上と農民文化の復活を提起する。衣、食、住の自給率の向上ばかりでなく、農民文化を復活させることによって農民に誇りを持たせるべきであるとの提案である。第三は、衣、食に関わる農村的工業の形成である。もしこれらの提案がうまく行かない場合は、困窮を農民だけに負担させることはできない。したがって、国民生活の標準を切り下げることを提案する。

第二は、民族と階級の問題である。「民族と階級の調和」が書かれた一九三二年には、高田の関心は民族に向けられていた。第一次世界大戦の原因は民族の対立にあり、膚の色、血の差異は自然のことがら、階級は社会のそれであり、後者は法によって是正可能である。前者は否である。五大国にあって、有色人種として対等の交際は許されていないと高田は主張する。高田自身、日本民族は個人として見れば欧米のそれと比較して決して優秀なものとは考え難いと評価する。そうであるからこそ、日本民族の残された自衛の方法は団結によって、そして国家を強めることによってしかあり得ないとする。それではその団結をどのように強めるのか。日本民族の特徴は、個人を全体のために犠牲にするという共同社会的なそれにある。この要素を強め、維持するために、高田は国民生活の水準を低下させることを求める。文化が低く生活水準が低いほど共同社会的要素が強いと考えるからである。世間並みの生活標準は誇示の欲望を充たすためにあるのであって、それが充たされた状況をイギリスに見るまでもなく、その団結は弱体化している。高田は、農村の貧農こそが団結の中心であって、そこに範をとるべしとする。

第三は、国民皆貧論の主張である。高田は農村問題の解決、民族の自衛と民族意識の昂揚の手段として、国民皆貧論（＝生活標準の切り下げ）あるいは高所得者への累進課税強化による所得再分配を提唱する。高田は「貧者必勝の理」においても、日本の産業が戦争状態に入ったときに維持される条件は、産業上の競争力を失う以上には生活水準を上昇させないことであるとする。現在の用語で示せば、低賃金によるコスト削減、そして国際競争力の維持である。高田は、生活標準は時代、国によって異なる相対的なものだから、生活で消費しているその多くは誇示の欲望（＝体面の誇示）を充足しているにすぎない。このことから、貧乏は体面の問題にすぎないとする。ただここでの問題は、高田が「貧乏の指標」を、逆に言うと「誇示の指標」策定にまで踏み込むことはなかった。ここでも自らの計量的な指標モデルを提起することはなかった。

一九三四年の時局発言の中心となる考えは、戦時に対応できる国家、民族の団結のために誇示の欲望に基づく生活標準の向上を排除し、国民皆貧を道徳の水準まで高めることにあった。この「思想」が時局を意識してなされたことは当然であるが、少なくとも『社会学原理』を執筆したときも、その信条において変わりがなかったと見るのが自然であろう。

一九四二年に刊行された『民族耐乏』ではその主張にいかなる変化が見られるのか。高田は、一九二〇年代から一九三〇年代中期までの自らの主張について、時代先駆的提言と自賛しつつ、それを、耐乏による貿易の勝利、耐乏による人口の増加と精強な兵の養成、耐乏と軍備の充実、と総括する。そして高田は戦時下でその主張を益々エスカレートさせる。その論点を要約すれば次のごとくである。

（ア）生産力の増加↓生活水準の向上↓利益社会化の進行↓個人主義化↓団結の弛緩↓献身的努力の弱化↓生命への愛惜の強化↓民族的結束の解体↓防衛と自律の困難、という連鎖系を断ち切る。

（イ）生産力の上昇と生活水準の上昇の連鎖を断ち切る。そのために、貧乏生活を強める。（利益社会化の遅速化)。

(ウ)貧乏生活を強めることによって国家への奉公と民族への義務を報謝であるように自覚させる(貧乏の道徳化)。

戦時下において高田は確かにそのイデオロギー的側面を強めていくが、彼の基本的な思考は変化していない。むしろ要素としての共同社会を理論的根拠として、耐乏策の導入により共同社会的性格を強め、利益社会化を遅らせることを喫緊の課題として提起する。国家が高田の主張を取り入れたのか、高田が国策を追認して正当化したのかは別として、事実として彼の主張と国策は収斂した。高田は一九四三年、国策の一環として設立された民族研究所の所長に就任した。彼の社会学理論、統制経済論、時局発言の連接の仕方を分析する限り、そこには多少のゆらぎはあっても、論理的一貫性を有していた。

高田は人類、民族融和の世界主義者か、否である。なぜなら自民族の団結と自衛を主張する一方で、白人支配からの東亜民族解放の大義のために、日本民族は盟主であらねばならぬとする。この主張の心底に東亜民族は遅れた民族、日本が庇護しなければならぬ民族という、自民族の優位性と他民族排外主義が共存する。主観的には、高田は国体護持、民族の団結を主張した「愛国者」であったことは間違いない。そしてそれに付け加えるとすれば、一方で、明治期の洋才型のテクノクラート的志向を持ちつつ、他方で、農村的秩序、国体護持、自民族主義という内向きの心性と信条に固執したが故に世界に開かれた視座を持ち得なかった高田保馬、と描くことができるかもしれない。次章で言及するが、高田から前記した心性と信条による自己制御が失われたとき（筆者はそれが意図的のように思えるが）、その末路は責任倫理の欠如した単なる道具主義者（インスツルメンタリスト）に陥ってしまったように思える。

第3章 高田社会学をめぐる評価と戦争責任

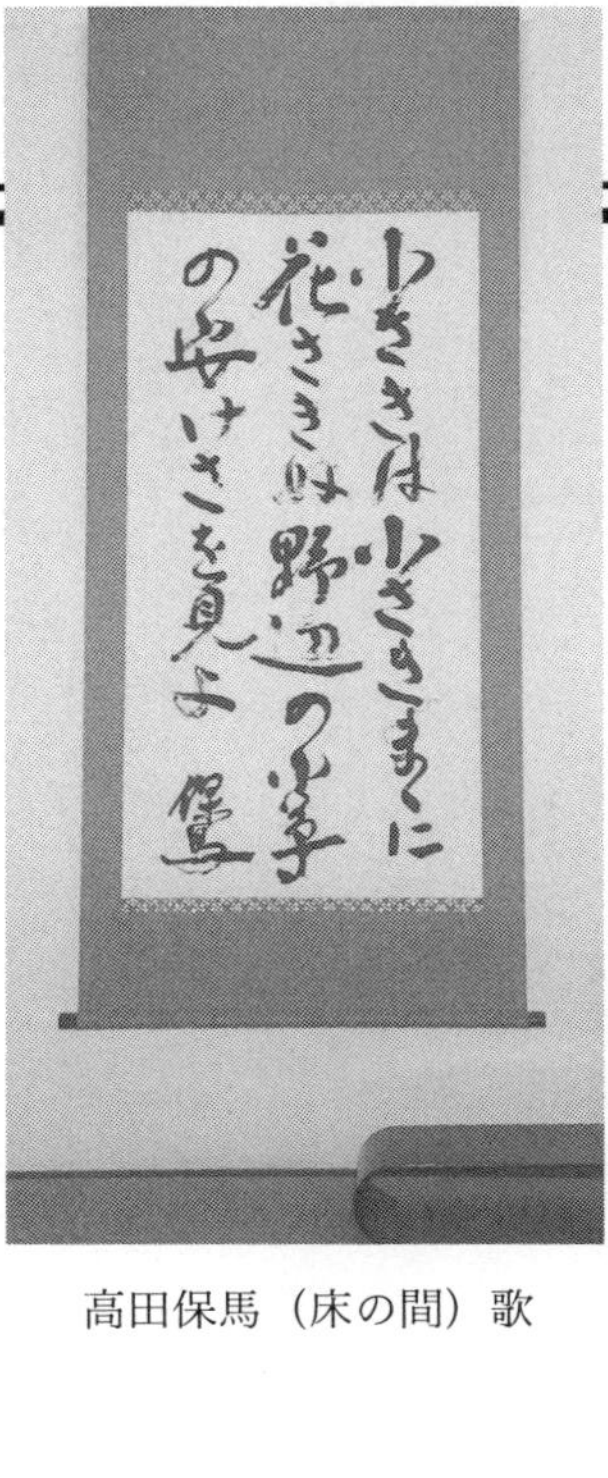

高田保馬（床の間）歌

1　高田社会学をめぐる評価の流れ

(1) 高田評価をめぐる対立――河村望と清野正義の河村批判

河村には高田を扱った主な著書として、『日本社会学史研究』(下、一九七三年)、『高田保馬の社会学』(一九九二年)がある。ここでは後者を取り上げたい。その理由は、清野正義が主張するように、河村の高田批判に「大きな変化」があったとされるからであり、河村の高田に関する新しい評価の方が興味深いからである。

河村の高田批判は注目に値するが、その中で、河村による高田評価の分水嶺は次の点にある。「高田の場合、日本主義への回帰といっても、コスモポリタンの立場から主張されていた利益社会化の方向と、平和、自由、平等という民主主義をめざす方向がそれによって否定されることにはなっていない点に、彼の議論の特徴があるのであって……ファシズムや天皇中主義への全面的に屈服では必ずしもなかったのである」(河村望、一九九二年)。したがって、河村は戦後の高田の公職追放に関して、「これを読む限り(高田のマルクス主義理解……筆者注)、日本の普通のマルクス主義者の社会法則の認識とそれほど差異があるとは思えないし、自由主義者、民主主義者、一般の考えと基本的に同じである。この意味では高田が戦後、京都大学経済学部の教員適格審査委員会によって教員不適格の判定を受け公職追放になり、教壇から離れることを余儀なくされた事実の方が奇異に思える。ここにも、高田社会学と日本の社会および国家との不幸な関係があったといえよう」（河村望、一九九二年）。やや引用が長くなったが、河村の高田に対するこの評価に対して、清野から反批判が提起される。

清野による高田社会学に対する批判は次の点にあった。共同社会から利益社会へという法則下にあって、「農村の子」であり、共同社会に執着する高田が利益社会化を意図的に遅らせることの主張は、彼自身の理論的破産であると断じる。更に、清野は、一九三一年から三四年の世界情勢の変化、民族対立、利益社会から共同社会への逆行という事態の中で、高田は「心のゆれ」を示していたとする。そのゆれの中から、高田は民族を重視することによって「国策課題への実践的コミットメント」に活路を見出そうとしたと論じる。清野は「かれの時代適応的、主体的イデオロギー活動は、かれの主観においてあくまで『利益社会化』という人類史的な一般法則の意識的な応用と思念されていたのであるが、しかし客観的に判断すれば、かれの理論的立場のなし崩し的な自己解体のプロセスであったと言わざるを得ない。世界主義から民族主義への完全な変身であった」（清野正義、一九九二年）と主張する。清野は、高田の民族論を焦点に批判を展開するが、社会学理論の根拠である人類史的法則と実践的コミットメントとしての民族論との自己矛盾を明らかにすることに力点があった。

河村は、清野が指摘する点を前記したように自己破産ではなく、利益社会化の法則を最後まで否定していないと主張するのであるから、二人の論調は真っ向から対立する。どちらの評価と批判が正しいかは既に第2章で論じたところであるが、一点だけ指摘するとすれば、高田自身はコスモポリタンでもなければ、平等はともかくとしても平和、自由、民主主義とは無縁な存在であり、したがって、世界主義から民族主義へ変身したという批判は当たらない。両者による評価、批判については後述することにしたい。

(2) 未踏の「高峰」高田社会学――富永健一

富永は従来の高田評価が「ステロタイプ化された社会学論についやされるか、それとも、おなじく定型化したイデオロギー論争についやされるかのいずれかであって、高田理論の実質的内容はあまりに僅かしか理解されてこなかったように思われる」（富永健一、一九七二年）と。一九七二年の高田保馬の逝去に伴う『社会学評論』での「高田社会学をめぐって」という特集号が組まれるまでは、確かに富永の主張に利があることを認めざるを得ない。

それでは、富永の高田評価に関する論点はどこにあるのか。第一は、日本では例を見ない独創的な仮説的命題体系の構築（法則定立科学）という評価である。富永はこの構築が、「……二〇世紀初頭の文献史的背景のもとでスタートした高田の理論的構成が、二〇世紀後半にアメリカを中心として活発に動き始めた社会学、政治学の新しい動向と直接に接合可能である」（富永健一、一九七一年）と高く評価する。第二は、高田のマルクス主義批判がイデオロギーのそれではない高い水準の純理論的視点から行われたという点である。第三に、それでは、富永がこれほど高く評価する高田社会学がなぜ後世に発展的に継承されなかったのかである。その理由について富永は日本の社会学の体質に言及しつつ、「高田に続く世代の日本の社会学者は高田の学説をよってたかって袋だたきにした観がある」。穏やかならぬ言葉だが、その袋だたきとは、「高田のつぎの世代の社会学者たちが、高田が努力を傾注した一般理論の地平を去って、主力を家族や農村のような個別領域における実証研究にむけるようになったことである」（富永健一、一九七一年）。更に、「抽象の水準の高い概念の使用や一般化された命題の構築の意味を否定するドイツの歴史主義、またこれの変種としての『現実科学』主義などが、昭和一〇年代から戦中・戦後初期の期間をつうじて新しい動向として大きく受けとられ」（富永健一、一九七一年）たことである。富永は以上の批判に加えて、『貧者必勝』や『民族耐乏』等の高田の時局発言が誤解を招いたのだとする。一例をあげれば、民族論の根幹はパレートのエリート循環の法則を民族論に応用したものであり、生活標準の切り下げは、国際協力を強化するという観点からの主張であり、理論的であると富永は高田を擁護する。富永の主張するように、高田の時局発言が誤解を招いたことも確かにある。しかし一市井の人の発言とは異なり、著名な京都帝国大学教授高田の発言が国家政策に影響を与えたかどうかは別として、彼の発言が事実として国策と合致した意味は決して小さくない。つまり有力な知識人が国策を、例えば「ほしがりません勝つまでは」を擁護したことによる市井の人々に対する影響という意味からである。国策が時局発言で擁護されることによって正当性を付与され、遂行されることによって誰が生活苦に陥るかである。この視点から事態を鳥瞰するとき、高田の言う日本の富裕層の生活標準の切り下げに止まるのであればまだしも、国境を越えて侵略を受けたアジア諸国の人々の生活への影響はもっと深刻であったはずである。富永には高田を擁護するあまり、この批判的視点が欠落している。単なる誤解ではすまされない問題を含んでいる。

高田社会学が後世の社会学者によってまったく継承されなかった理由の一つに、「読む側のイマジネーションの貧困」があると富永は断じた。それほどまでに高田社会学を高く評価するのであれば、富永自身が高田社会学の継承・発展に範をたれるべきであったろう。富永の『社会変動の理論』（一九七一年）が高田からの影響を強く受けて書かれたとは必ずしも思えない。

(3) 総体としての高田評価——八木紀一郎

社会経済学、経済思想を専門とする八木の高田批判は河村、富永のそれを補って余りある。一九四六年、京都大学教員適格審査委員会で不適格の烙印を押された高田は公職から追放された。そして彼の不服申し立ても却下された。しかし、戦前、高田と貧乏論争をした文部大臣天野貞祐が一九五一年に高田を自由主義者であると認定し、彼の公職追放の決定をくつがえした。この事実について八木は、「戦前期の高田の言動評価は微妙かつ困難な問題といえよう。しかし東亜共同体を広義の民族主義で基礎づけようとした戦時期高田の民族論も、高田の社会経済学あるいは社会学の一ヴァリアントであったことは間違いないのである」（八木紀一郎、一九九九年）。筆者自身も高田の言動の一部をつかまえてコスモポリタンであるとか自由主義者であるとかいう判断はとらない。八木の言うように、時局発言も高田のそれであり、高田を総体として評価することが重要である。

共同社会から利益社会への蓋然性に抗して、共同体特性を残存させることに腐心するその理論的根拠に八木は注目する。第２章で明らかにした定型としての共同社会と要素としての共同社会の区別への着目である。つまり利益社会も要素としての共同社会に規定されるという高田の命題修正である。高田はこのことによって共同社会から利益社会という時空を超えた法則を、政策的に遅らせることができる説明根拠を獲得した。高田はこれを根拠に国民皆貧論、農村文化の重視、民族周流等の論陣を張った。高田の社会学体系、勢力経済学と時局発言は相互に深く関わっている。

八木はこれらのことを踏まえて、高田に対して次のような批判を展開する。

（ア）高田の欲望概念に着目し、「『優越』あるいは『勢力』の要求は強烈であるが、『対等』あるいは『相互承認』という契機に乏しく」（八木紀一郎、一九九九年）、その理論的欠陥が「戦時下の民族論において、『優越』追求の面が民族周流論にあらわれ……民族の自決、相互承認論は高田の民族論の基調にならなかった」（八木紀一郎、一九九九年）との指摘である。

（イ）力の欲望の展開を基礎とする高田社会学において、「普遍的規範、開放的なモラルをもった市民社会とそれに対応した個人が把握されていただろうか」（八木紀一郎、一九九九年）という論難である。

いずれの指摘も正鵠を得たそれであり、傾聴に値する。高田には共同社会論はあっても利益社会論（＝市民社会論）が欠落している。あるのは利益社会化の発生過程とそれを促進する法則であって、利益社会の構造、そこの中で形成される諸個人の自由、個性が持つ内実とその意味についての論の展開はまったくといっていいほどなされなかった。高田によって提示される利益社会の像は、八木が指摘するように、他者に優ろうとする力の欲望が追求され、他者を手段化し、反目、対立、闘争と分裂が錯綜する、高田の最も嫌悪する利益社会のそれである。スミスが『道徳情操論』で主張した「利害関係のない第三者が相手の立場に立って考えて、相手が現に示している態度や行動に共感的についていきうるかどうかの判断（是認・承認の感情）が社会的な正義と秩序の基礎である」……「現実の経済交換の前に、自分も含め社会成員全体の権利と規範を承認する交換が存在する。こうした人格と権利の相互承認は近代の市民社会思想の基礎である」（八木紀一郎、一九九九年）ということが高田において何ら考慮されていない、との八木の指摘は、富永、河村の高田評価の一面性と富永自身の社会学思想の欠落部分をも鋭く抉り出している。

筆者は八木の高田評価を極めて妥当性のあるものと考える。富永が、後世の社会学徒が高田社会学を継承・発展させなかったのは読む側のイマジネーションの貧困に帰属せしめた。しかし八木の指摘したように、継承・発展させなかったのにはそれなりの理由があった。日本社会学の「高峰」に後世の社会学徒が登らなかったのは、個人の自由、自立、個性、対等と相互承認に基づく市民社会形成の契機（＝社会学形成と存在事由の原基）を欠落させた「高峰」、つまり豊かな樹木もなく鳥のさえずりも聞こえない「高峰」であったからに他ならない。高田と市民社会の陥穽を肌で体得してきた恩師米田との距離は、形式的「理学」（＝理論）の構築において近かったが、構築された「理学」の内実においてもはや距離を測ることが不可能なほど遠くなったと言える。

(4)〈理論〉による〈歴史〉の専横——稲上毅

稲上の高田評価と八木のそれとは重なるところが多い。稲上は高田の次のような論点を問題とする。第一に、高田の方法論における概念論の内実、第二に、理論・歴史・政策の三者の関係である。これについては理論と歴史、理論と政策の二つの関係に区分して吟味したい。

第一について稲上は、「大正デモクラシー期にすでにその核心部分を形成していく『高田社会学』が、いったいどの程度跛行型の資本制創出・展開をとげていく近代日本社会の只中で徹底した『市民科学性』を具備しえたのか」（稲上毅、一九七二年）を明らかにすることであると指摘する。この「市民科学性」について、八木は力の欲望によって絶えず優位に立とうとする個人の行為像に、対等と相互承認を基盤とする市民社会の契機が欠落していることを鋭く指摘した。稲上もおそらくその指摘に異論を差し挟むことはあるまい。この点とも関わって、稲上が問題とする論点は、『社会学概論』で提起されていた価値視点が対象に意味を与えるという「見地主義」が、『社会関係の研究』において、対象の中に一定の性質があるという「対象主義」に転換した、というそれである。この方法的転換は、稲上に言わせれば、その後の高田社会学の軌道を方向づけるうえで決定的な役割を果たしたとする。従来の見地主義は対象に意味を付与して分析対象を摘出するということであるのに対して、対象主義は、対象の中の性質によって認識主体が規制されることを含意する。この方法的転換に伴う理論的帰結が定型としての共同社会と要素としての共同社会の峻別である。

第二は、高田における理論と歴史の関係である。高田の理論は法則定立を目的とする普遍化的文化科学である。これに対して、歴史は高田において社会史（社会学に対応するものとしての意味で）である。社会史は個別化的文化科学であり、それは歴史的個体固有の法則性を、すなわち事象学的知識を取り扱うものであるから、法則定立を目的とする普遍化的文化科学と共通する範囲を持たないとする。ここからの帰結は、高田による歴史の徹底的な軽視であり、その逆説として超歴史的な一般法則の重視である。この点について稲上は、「『本質定型』からそれを不可欠の基礎として構成される普遍的超時間的な一般理論の一人歩き、〝専横主義〞が生み落とされる」（稲上毅、一九七二年）と指摘する。八木の言説を使用すれば、「社会科学的概念を実証的根拠なしに時局が提起した対象に適用した」（八木紀一郎、一九九九年）という意味での〈理論〉の〈歴史〉に対する専横である。

第三は、理論と政策の関係である。稲上は高田のこの関係の問題点を次のように指摘する。「〈政策〉論の構成はあくまでも『当為』を基点・基軸とし、これに〈理論〉（＝法則）と『事象学的知識』としての〈歴史〉が添加されてはじめて成立しうる、という形式的な定式化を与えられていた（高田によって……筆者注）」が、「その実際は『当為』の内実が高田個人の主体的彫琢としては勿論のこと、いわば社会学的当為という形でさえ本格的な考察を加えられず、従って時流に妥協しそれにのめり込んでいき……」（稲上毅、一九七二年）と断じる。つまり「貧者必勝論」も「国民皆貧論」も、「高田の〈理論〉の首尾一貫した適用として把握することができる」（稲上毅、一九七二年）のであって、理論とまったく無関係に論じられたわけではないとする。

第一、第二、第三の指摘から帰結する論点は、総じて理論と政策の無媒介的合一である。

(5) 評価の総括

五人の研究者による高田社会学の評価は十分傾聴に値する。その中でも筆者自身は基本的に八木と稲上による高田評価を支持し、彼らとほぼ同一の批判的視座に立脚する。筆者自身は五人の評価を以下のように総括したい。

第一に、河村による高田批判についてである。前記した日本主義への回帰との文脈で言えば、高田が「共同社会から利益社会へ」という超歴史的な法則に立脚していたが故に、高田の民主主義をめざす方向が否定されていない、という評価に関してである。筆者自身この河村の評価に同意することはできない。高田は、利益社会化が民主主義の方向に進むとか、政策的に民主主義社会をつくるとかを述べたことは一度もない。河村による根拠の不明確な過剰なほどの高田への思い入れと擁護であるとしか考えられない。

更に、高田の社会法則の認識の文脈で、彼の認識がマルクス主義者、自由主義者と基本的に同じであり、教職不適格の判断を受けて公職を追放されたことは奇異に思える、との河村の主張である。マルクス主義者、自由主義者の法則認識と同じであるという箇所を取り上げて、だから公職追放は奇異だと断じるかどうかは別として、八木、稲上が批判したように、高田社会学を理論、歴史、政策の相互の関連の中で総体として把握する必要がある。教職不適格の判断は確かに「微妙な問題」(八木紀一郎、一九九九年)ではあるが、高田の積極的な時局発言が国家による戦争遂行策と確かに合致した。ここで重要なのは、たまたま合致したのではないということである。高田自身、著名な京都大学教授、知識人としての立場を、そしてその発言の社会的影響力を十分自覚して積極的に論陣をはったという事実、これをどう評価するのかである。単なる一市井の人による発言ではない。

第二に、清野正義については次の点が問題となる。「人格としての農村の子」と「利益社会化への普遍的法則」との分裂の中で、利益社会化を遅らせるという理論命題への修正とそれに基づく高田の時局発言(＝政策提言)を、清野が理論的「自己破産」と断じた点である。そして清野は、この「自己破産」こそが高田の「世界主義者」から「民族主義者」への変身を示しているとした点である。筆者は清野の主張に同意することはできない。高田の思想と行動がどうしてコスモポリタニズムなのか。高田自身は『社会学原理』の中で、利益社会への嫌悪を吐露していた。それは、彼が心性において農村の子（農民の子ではない）であることを示している。他方で、高田は『社会関係の研究』で要素としての共同社会論を展開し、利益社会化を遅らせることの理論的根拠を獲得した。換言すれば、共同社会的性質を生活標準の切り下げ等で政策的に強めることの理論的根拠の獲得である。これは理論の「自己破産」ではなく、森嶋の言を借りれば、まず理論体系ありき、そしてその未整理の部分を補強していくという囲碁の「寄せ」を意味している。この理論的修正・補強・付加の過程に焦点を据えれば、高田は明らかに世界主義者ではなく一貫して農村の子からの眼差しでの理論命題の修正・補強・付加である。八木が高田には市民社会の契機が欠落しているとの指摘は正しい。なぜなら、高田には利益社会への嫌悪はあっても、利益社会の理論が存在しないからである。

第三に、富永への反批判は八木の高田評価が正鵠を得ている。富永は高田を高く評価するが、富永自身が高田の理論それ自体を継承・発展させてきたであろうか、と問えば「否」である。更に、富永が高田を評価する視座においてある欠落部分が存在する。それは米田が高田の第三史観を批判した視座と好対照をなしている。米田は第三史観のキー概念である人口の異質性をギッディングスのそれとの関連で、高田は人口の異質性が持つ実態的な意味を理解していないと批判する。この批判は富永にも言えることであって、理論を、概念をそれ自体として取り扱い、それらが形成された社会史的背景を視野の外に置いている点である。このことが、富永による国民皆貧論、民族論の評価と八木、稲上、そして筆者との間に決定的な相違が生じてくる原因でもある。

(6) 日本社会学史における高田社会学の位置

高田社会学を日本社会学史の中に位置づけることは筆者の能力を超えた課題である。これについては河村望、小笠原真、秋元律郎、富永健一等の先行研究がある。ここではこれらの先行研究を踏まえて、研究方法の流れに着目して高田社会学の位置を考えてみたい。研究の方法から日本の社会学の流れを鳥瞰するとき、大きくは二つの方法がある。第一は、海外の理論の紹介を含むが、それらに依拠しつつ自らの社会学理論を構築しようとする方向である。この流れを理論志向派と呼ぶとすれば、第二は、海外の理論に依拠しつつも、そこから出て、日本社会の現実を調査研究を踏まえて摘出しようという系流である。この流れを実証派と呼ぶことができよう。前者の流れには戦前の多くの社会学者が含まれるが、高田、新明正道はその代表者であろう。その理論志向派は現代に至る清水幾太郎、富永健一、吉田民人等への流れである。もちろん理論構築の意図と方向性はそれぞれにおいて異なることは論ずるまでもない。後者には、戸田貞三、喜多野清一、奥井復太郎、鈴木栄太郎、有賀喜左衞門、福武直、そして蓮見音彦、北川隆吉等に至る流れである。領域において異なるが、実証研究の方法としての影響は有賀のそれが大きかったと思われる。米田は理論志向の流れには属するが、現実分析も合わせ持った、当時の社会学導入期においては特異な位置にあった。

富永は高田の理論的性格を仮説的命題体系（＝法則定立）とし、理論志向派の先駆的位置にあるとした。この指摘は確かに正鵠を得ている。富永の指摘を一歩進めれば、高田は仮説的命題体系に依拠して時局発言を行った。もちろんこの政策提言がよく精査されたものであったとは必ずしも言えない。ただこの時局発言の前提に、社会学理論（仮説的命題群の連鎖系）を直接的に援用した一定の日本社会の認識が存在した。しかし、高田には仮説命題、検証という方法的フィードバックが組み込まれていなかったために、稲上が指摘した「理論で歴史を裁断」（＝理論と現実の無媒介的合一）する過ちを犯した。もちろん初期の高田には統計的分析、師団所在地の調査があり、検証への関心がまったくなかったわけではない。しかしそれが社会学の方法として精緻化されて、理論体系に組み込まれることは最後までなかった。

高田を社会学の研究方法の視点からその位置を確定しようと試みれば、建部遯吾の日本主義社会学とは一線を画した理論志向派に属したが、実証派と方法的に交流してそれを理論体系に取り込むことの終生なかった社会学徒、として位置づけが可能である。

方法的側面に着目しての位置づけに加えて、社会学が市民社会の形成とその矛盾の自覚に成立の契機を持っているとすれば、筆者の自戒をこめての提起であるが、市民社会論的契機の方法的、理論的内在化の視座から、戦後から現時点に至るまでの社会学の流れを位置づける新たな試みが必要なのではないかと考える。なぜなら高田社会学と時代を超えて親縁性を有する社会学の研究が、もっと言えば社会学形成の契機を自覚しない研究が横溢しているように思われるからである。

2　もう一つの評価——知識人としての責任倫理

(1) 京都大学経済学部による公職追放の決定

新明正道は大熊信行の斡旋で偶然大日本言論報国会の理事を引き受けたために公職追放の対象になったとされる。山本鎮雄によれば、新明の追放は東北大学の法文学部によるスケープ・ゴートであったとされる。高田自身も自らの意志に反した不当な教職不適格の判定による公職追放であると考えていた。なぜなら、高田は自ら受けた公職追放の不当性について、文部大臣に不服申し立てをしたことからも理解できる。この時代、高田ばかりでなく多くの知識人達に対して「教職不適格」のレッテルを張り、「公職追放」が行われた。その中には「ぬれぎぬ」を着せられた者も多く含まれていたかもしれない。ここで「知識人とは」とか「知識人の責任」とかを大上段に振りかぶって論じるつもりは毛頭ない。ましてや、勝者と敗者の関係において戦争責任を問うとき、前者の論理がまったく貫徹しないのかと問われれば、極東裁判、ニュルンベルグのそれにおいてその可能性は零であると断言することは誰もできないだろう。それでは戦争責任を問うことは公正さを欠くのかと問われれば、「否」であろう。普遍的尺度はないにしても、その普遍的な基準として「平和」「人権」の探求に言論等の日常活動でどれだけ貢献したかという視点は重視されてもよい。このように設定すれば、諸個人の占めている地位と役割において自ずから責任の軽重が存在する。帝国大学教授の言動は市井の人と比較すれば、その重さは言わずもがなであろう。

高田の「教職不適格」「公職追放」の顚末を、『京都大学百年史・総説編』を基に検討してみたい。但し、表面上に現れた文面の裏でどのような議論が闘わされたのかは残念ながら伺い知れない。

ＧＨＱ（連合国最高司令官総司令部）は一九四五（昭和二〇）年一〇月二二日、日本政府に対し、「日本教育制度ニ対スル管理政策ニ関スル件」を発令した。この発令の含意は、教師、教育関係官公吏の戦争加担の有無に関する審査、職業軍人、軍国主義者等の罷免そして国家体制を批判して罷免された者の名誉、資格の復活であった。同年一〇月三〇日に出された命令で審査機関の設置と基準を決定することが求められた。

京都大学教授会には戦時期の責任をとって辞職する教官はいなかった。一九四六年一月三〇日、河上肇元教授の通夜の席上で門下生達が経済学部教授会の進退問題を話題にし、法学部の瀧川事件の当事者瀧川幸辰が河上の追悼講演会の席上で彼を追放した経済学部教授会を追及した。一九四六年二月一九日、当時の蜷川虎三学部長は教官協議会を召集し、そこで経済学部教官の総辞職が決議された。前記したGHQの方針に基づき、一九四六年五月七日、文部省訓令第5号「教職員の適格審査をする委員会に関する規程」(その他関連する勅令等もあるが)が発令された。この規程により、「教職員不適格者」の判定基準と教職員適格審査委員会の設置基準が定められた。同年六月、京都大学において各学部ごとに審査委員会が設置された。

ところで教職追放のパターンには三通りがある。第一は、委員会での審査、第二は、GHQによる直接罷免の「メモランダム・ケース」である。そして第三は、閣令第1号の「別表第二」に該当することによる「自動追放」である。この「別表第二」とは、職業軍人、指定された官職・団体の役員の経歴をさしている。したがって、新明正道の公職追放はこの「別表第二」、すなわち大日本言論報国会理事に就任していたことによる。京都大学経済学部では第二に該当する教官が三人であった。この三教官の戦時期の著作、言動が軍国主義、超国家主義と見なされたからである。第三の「別表第二」による追放該当者は経済学部では二人であった。そして第一の「審査」による教職の追放は、経済学部において当初一人であったが、一九四六年一二月、既に退職していた名誉教授の高田保馬が経済学部教員適格審査委員会によって不適格の判定を受けた。各学部の審査委員会で不適格と判定された九人の内六人が承伏し難い判定として中央教職員適格審査委員会に再審請求を行った。高田もその内の一人であるが、一九四七年六月、同委員会はこの再審請求に対して「不適格」と判定し、高田は一九四八年二月、政令により教職員不適格者と指定された。この再審請求拒否による不適格の確定に対して、高田自身の苦悩ぶりが家族による証言からも明らかにされている。しかしその後、高田自身そして彼の教え子達の多大な努力もあって、一九五一年六月、文部大臣天野貞祐の「原審破棄」、つまり判定は誤りという決定により高田は自由の身となる。天野は高田が京都大学時代に行った貧乏論争の当の相手であった。

(2) 知識人としての責任倫理

ＧＨＱの指令に基づく公職追放は確かに勝者の論理の色彩を拭えないことは事実であるにしても、高田自身の著作、言動を含めた行動が積極的にであれ、結果としてであれ国家の戦争遂行策に加担したものであったのかどうかである。第2章で高田の理論、時局発言について分析してきたが、それぞれが別個に無関係に存在するのではなく、高田という一人の人格の中で形成され、相互に密接不可分の関係にあるという点だけは確認しておきたい。そして高田は時局発言の中で、自らの主張については断固として責任をとるということを再々明言している。この点も確認しておこう。

満州事変（一九三一年）、満州国建設（一九三二年）、日中戦争（一九三七年）、太平洋戦争勃発（一九四一年）、そして敗戦（一九四五年）と敗戦後という時間的経過の中での高田の主張を総括すると次のごとく言える。

（ア）高田は天皇を中心とした国体の神聖を重視し、信仰に近い敬愛の念を抱いている。

（イ）高田は戦時下においても、欧米の科学水準の高さを評価し、極端な日本主義への傾斜に反対し、日本主義の主張と自らを峻別した。したがって、敵性外国語としての英語の使用の禁止策に強く反対した。

（ウ）国民皆貧論は科学的データに裏づけされたという意味での主張ではないが、生活標準の切り下げによる国民生活の耐乏化の提唱は政府の戦時体制強化の主張と軌を一にした。

（エ）高田はイデオロギー、社会科学批判の対象として一九一〇年代から唯物史観に着目し、一九二二年以降マルクス主義批判を強めていく。とりわけ満州事変勃発と重なった時期にマルクス主義批判の講演の全国行脚が行われた。付言すれば、高田のマルクス主義批判、河上肇等との貧乏論争は必ずしも生産的ではなかった。なぜなら、データに裏づけられた理論的論争ではないために単なる論理のぶつけ合いに終始したからである。

（オ）高田は、一方で、欧米によるアジアの植民地化（＝白人支配）への反発・反対・解放と重ねつつ、他方で、アジアに対しては自民族の優位性を誇示した。

高田の社会学理論、経済学理論の純理、マルクス主義批判という点だけにとどまれば、高田は研究者、そして「普通の愛国者」であり、教員不適格の判定を受ける対象とはなり得なかったろう。但し、教授会での彼の言動を含む行動は現時点において伺い知ることができないが故に判定の根拠から除外されるが。問題はそこから大きく踏み出して、社会学理論の誇示の欲望と結びつけた自民族の優位性（その意味では歪んだ愛国者となるが）の主張にある。自民族優位性を内在的に持つ彼の民族論と現実の乖離を縫合しようとすればするほど、逆にその乖離が大きくなり、アジアの諸民族の後見人たろうとする主張へのエスカレートである。すなわち、アジアの白人支配に対して、東亜民族の解放、その一体化を主張する論理が満州事変から太平洋戦争突入、そして敗戦へとその主導的役割を果たした軍部の動きを擁護するイデオロギーとして機能したことである。東南アジア、中国への侵略、朝鮮半島での植民地化が激しい抗日レジスタンスを生起させたという事実の分析を欠く形で、自らの心性と信条を無媒介に混入させた民族論を展開したことである。高田は東南アジアへの進行、日中戦争、太平洋戦争の意義をアジアの白人支配からの解放としたが、事実は日本による戦争遂行のための資源獲得であり、そのための当該地域住民に対する弾圧であった。植民地化ということでは欧米のそれと変わるところはなかった。そして現実の戦争の舞台となった東南アジア、東アジアに多大の人的、物質的損害をもたらした。もちろん戦争の当事者の日本もその例外ではなかった。平和の希求、人権の擁護という普遍的な視点から高田の主張をあらためて評価すれば、京都大学教授としての高田の言動は、時代制約があるとはいえ市井の人々の言動と比較できぬほど重い。一九四五年八月一五日までは、高田は自らを愛国者と考えていたし、自らの主張が持つ客観的機能を十分自覚していた。

高田は一九四六年に『終戦三論』という戦後の事態に対する時局発言を刊行している。その第一編が「思想政策私見」、第二編が「民主の意義」である。高田は「思想政策私見」で戦争の原因について思想と経済の側面から論じている。思想状況に関してやや長くなるが引用しておこう。「……満州事変以前から、理知は窒息し世論は死滅し、政党も思想界も所信を発表することの殆ど不可能であったばかりではない、一部には時流に便乗しようとして、又稀には本来の所信から、軍部の推進的方向に直進しようとするものがある、他の一部には習性となって、いつしか圧迫を圧迫と感ぜざるまでに時代の方向に順応したるものもある」（高田保馬、一九四六年）。経済状況については、第一次大戦後の重化学工業化の進展に伴い、日本の経済が世界市場で優越的な地位を獲得しつつあるという自負の形成にある。高田自身もそのような考えに陥っていたことを珍しく告白している。この自負が戦争の直接的な原因ではなかったにしても、第二次大戦突入後の楽観論を植え付けたとしている。そして高田は敗戦の原因を、「世界の民族の民族性については殆ど何等の知識もなく、各国の文化的技術産業的水準と規模についての客観的なる調査もなく、神話的性質をもつ民族精神を極度に推しひろげて理知を抑え科学を軽視し、すべてを感情的に判断するという行方では、今日の結果に陥ること必然である」（高田保馬、一九四六年）これが高田の論かと思うほど戦時下の発言との間に落差がある。更に、この一文が高田自らの自己批判として書かれていたのならば納得もするがそうではない。あたかも自分はこれまで一切関わりがなかったかのような評論である。これはまぎれもなく敗戦の翌年に出された本の一節である。

これまで明らかにしたように、高田自身は権力から言論の抑圧を受けたことはない。また、敗戦の弁について言えば、高田は時局発言において軍部の戦争遂行策に積極的に寄与したことに一切言及していない。第二編の「民主の意義」に関してここでは詳細を省くが、ただ一つ言えることは、彼の社会学理論では共同社会、国家、階級、民族はキー・ワードであったが、民主主義は少なくとも彼の一九四五年八月一五日までの著作において論じられたことはもとより、基本概念であったことは一度もない。

彼の教職不適格の判定が妥当であったかはいま置くとしても、筆者が問題としたいのは、一九四五年八月一五日を境にして、一八〇度転換する評論を何の自己批判をすることもなく開陳する知識人としての責任倫理である。もちろんこの筆者の高田に対する結論は日々の研究と教育に従事している自分自身に対する自戒でもあることは言うまでもない。

付録

故里の山はなつかし
母の背に
昔ながめし
野火のもゆるも

保馬

高田保馬 望郷の歌

高田保馬の著書

『グロッパリ社会学綱要』（一九一三）有斐閣
『分業論』（一九一三）有斐閣
『大数法』（一九一五）有斐閣
『社会学的研究』（一九一八）宝文館
『社会学原理』（一九一九）岩波書店
『現代社会の諸研究』（一九二〇）岩波書店
『社会と国家』（一九二二）岩波書店
『社会学概論』（一九二二）岩波書店
『階級考』（一九二二）聚英閣
『社会学的研究改訂版』（一九二三）宝文館
『経済学研究』（一九二五）岩波書店
『階級及第三史観』（一九二五）改造社
『階級考改訂版』（一九二五）刀江書院
『分業論改訂版』（一九二六）刀江書院
『社会学大意（社会政策大系第一巻）』（一九二六）大東出版社
『社会関係の研究』（一九二六）岩波書店
『人口と貧乏』（一九二七）日本評論社
『経済学（社会科学叢書第八編）』（一九二八）日本評論社
『景気変動論（現代経済学全集第一三巻）』（一九二八）日本評論社
『価格と独占』（一九二九）千倉書房

『社会雑記』(一九二九) 日本評論社
『経済学新講』(一)(二)(三)(四)(五)(一九二九) 岩波書店
『労働価値説の吟味 (理論経済学叢書第一篇)』(一九三一) 日本評論社
『歌集 ふるさと』(一九三一) 日本評論社
『経済学方法論 (改造社版経済学全集第5巻)』(一九三二) 改造社
『マルキシズム経済学的批判』(一九三二) 青年教育普及会
『経済学の近状と世界経済の動き』(一九三三) 青年教育普及会
『経済原論 (理論経済学叢書第三篇)』(一九三三) 日本評論社
『貧者必勝』(一九三四) 千倉書房
『国家と階級』(一九三四) 岩波書店
『マルクス経済学論評』(一九三四) 改造社
『民族の問題』(一九三五) 日本評論社
『我が国の農村問題』(一九三五) 青年教育普及会
『米価の長期変動』(一九三五) 日本学術振興会
『利子論研究』(一九三六) 岩波書店
『経済と勢力 (理論経済学叢書第四篇)』(一九三六) 日本評論社
『利子論』(一九三七) 岩波書店
『経済学概論 (理論経済学叢書第八篇)』(一九三八) 日本評論社
『回想記』(一九三八) 改造社
『東亜民族論』(一九三九) 岩波書店
『貧者必勝改訂版』(一九四〇) 千倉書房
『民族と経済』(一九四〇) 有斐閣
『第二経済学概論』(一九四一) 日本評論社

『思郷記』（一九四一）文芸春秋社
『民族論』（一九四二）岩波書店
『勢力説論集』（一九四一）日本評論社
『民族耐乏』（一九四二）甲鳥書林
『洛北集』（一九四三）甲鳥書林
『民族と経済』（一九四三）有斐閣
『統制経済論』（一九四四）日本評論社
『終戦三論』（一九四六）有恒社
『価格労銀失業』（一九四六）東洋経済新報社
『経済学原理』（一九四七）日本評論社
『世界社会論』（一九四七）中外出版社
『経済の勢力理論』（一九四七）実業之日本社
『経済学論』（一九四七）有斐閣
『新利子論』（一九四七）有斐閣
『洛北雑記』（一九四七）大丸出版部
『社会学の根本問題』（一九四七）関書院
『インフレーションの解明』（一九四七）関書院
『最近利子論研究』（一九四八）有斐閣
『社会主義経済学入門』（一九四八）広文社
『略説経済学』（一九四九）関書院
『労働価値説の分析』（一九四九）甲文社
『改訂社会学概論』（一九五〇）岩波書店
『社会学大意』（一九五〇）日本評論社

『社会科学通論』(一九五〇) 有斐閣
『耐乏夜話』(一九五〇) 実業之日本社
『マルクス批判』(一九五〇) 弘文社
『マルクス貧困論考』(一九五〇) 甲文社
『経済学説の展開』(一九五一) 有斐閣
『小経済学』(一九五一) 有斐閣
『経済学講義(上)』(一九五二) 有斐閣
『社会学』(一九五二) 有斐閣
『経済学講義(中)』(一九五二) 有斐閣
『経済自立論』(一九五三) 東洋経済新報社
『全訂経済学原理』(一九五三) 日本評論新社
『資本蓄積と雇用』(一九五三) 大阪大学経済学会
『経済学概説』(一九五四) 有斐閣
『経済成長の研究　第一巻』(一九五四) 有斐閣
『経済学講義(下)』(一九五五) 有斐閣
『ケインズ論難』(一九五五) 有斐閣
『貧しき日本経済』(一九五五) 日本評論新社
『消費函数の研究』(一九五六) 有斐閣
『社会主義評論』(一九五六) 自由アジア社
『学問遍路』(一九五七) 東洋経済新報社
『経済成長の研究　第二巻』(一九五七) 有斐閣
『経済成長の研究　第三巻』(一九五七) 有斐閣
『社会主義経済学』(一九五九) 千倉書房

『経済の構造』(一九五九) 有斐閣
『望郷吟』(一九六一) 有斐閣
『全訂　経済学原理』(一九七一) 岩波書店

参考文献

第1章

臼井二尚 (一九八一)「高田保馬博士の生涯と社会学」高田保馬博士追想録刊行会編『高田保馬博士の生涯と学説』創文社
河村望 (一九九二)『高田保馬の社会学』いなほ書房
三日月町史編纂委員会 (一九八五)『三日月町史』上巻，三日月町町史編纂事務局
三日月町史編纂委員会 (一九八九)『三日月町史』下巻，三日月町町史編纂事務局
高田保馬 (一九三四)『貧者必勝』千倉書房
高田保馬 (一九〇四)「社会主義と詩人」『龍南会雑誌』第一〇二号，第五高等学校龍南会
中久郎 (一九九八)『米田庄太郎の社会学』いなほ書房
米田庄太郎 (一九三五)「第三史観の概念 (上)」『経済学論叢』第四〇巻第二号、京都帝国大学経済学会
米田庄太郎 (一九二〇)『輓近社会思想の研究』上巻、弘文堂書房
米田庄太郎 (一九二一)『現代社会問題の社会学的考察』弘文堂書房
高田保馬 (一九七八)「米田庄太郎先生のこと」『書斎の窓』二七四号、有斐閣
小笠原真 (二〇〇〇)『社会学史への誘い』世界思想社
清水幾太郎 (一九八六)『私の社会学者たち』筑摩書房

第2章

秋元律郎（一九七九）『日本社会学史』早稲田大学出版部
臼井二尚（一九八一）「高田保馬博士の生涯と社会学」高田保馬博士追想録刊行会編『高田保馬博士の生涯と学説』創文社
稲上毅（一九七二）「高田社会学の理論的下部構造」『社会学評論』第二三巻第二号、日本社会学会
高田保馬（一九二二）『社会学概論』岩波書店
高田保馬（一九一九）『社会学原理』岩波書店
高田保馬（一九二六）『社会関係の研究』岩波書店
高田保馬（一九二二）『社会と国家』岩波書店
高田保馬、一九三四、『国家と階級』岩波書店
高田保馬（一九二五）『階級及び第三史観』改造社
高田保馬（一九一三）「唯物史観の論理的組立」『京都法学会雑誌』第九巻二号、京都帝国大学法学会
高田保馬（一九一二）「経済的諸条件の出生率に及ぼす影響」『京都法学会雑誌』第八巻一一号、京都帝国大学法学会
E. Durkheim, (1893), *De la division du travail social*, デュルケーム（一九七一）『社会分業論』（田原音和訳）青木書店
高田保馬（一九二〇）『現代社会の諸研究』岩波書店
高田保馬（一九二七）『人口と貧乏』日本評論社
高田保馬（一九三五）『民族の問題』日本評論社
高田保馬（一九三九）『東亜民族論』岩波書店
高田保馬（一九四〇）『民族と経済』有斐閣
高田保馬（一九四二）『民族論』岩波書店
高田保馬（一九四三）「民族政策の基調」『民族研究所紀要』第一冊，彰考書院
有賀喜左衞門（二〇〇〇）「有賀喜左衞門先生最後の講話」北川隆吉編『有賀喜左衞門研究』東信堂

北島滋（一九八九）「日本社会学史における民族研究の展開」北川隆吉教授還暦記念社会学編集委員会編『社会変動と人間』時潮社
小笠原真（二〇〇〇）『社会学史への誘い』世界思想社
森嶋通夫（一九八一）「誠実の証としての学問」高田保馬博士追想録刊行会編『高田保馬博士の生涯と学説』創文社
Michio Morishima, *Foreword : Yasuma Takata Power Theory of Economics, Y. Takata*, Macmillan, 1995
早坂忠（一九八一）「日本経済学史における高田保馬博士」高田保馬博士追想録刊行会編『高田保馬博士の生涯と学説』創文社
高田保馬（一九三四）『貧者必勝』千倉書房
高田保馬（一九四二年）『民族耐乏』甲鳥書林
高田保馬（一九二〇年）『現代社会の諸研究』岩波書店

第3章

河村望（一九七三）『日本社会学史研究』下、人間の科学者
河村望（一九九二）『高田保馬の社会学』いなほ書房
清野正義（一九八七）「高田保馬論——『民族と市民』問題への社会学史的アプローチの試み」『立命館大学産業社会学論集』第二三巻第一号、立命館大学
清野正義（一九九二）「高田保馬の東亜民族論」戦時下日本社会研究会編『戦時下の日本社会』行路社
富永健一（一九七二）「高田保馬の勢力理論」『社会学評論』第二三巻第二号、日本社会学会
富永健一（一九七一）「解説高田保馬の社会学理論」高田保馬『社会学概論』岩波書店
富永健一（一九六五）『社会変動の理論』岩波書店
八木紀一郎（一九九九）『近代日本の社会経済学』筑摩書房
A・スミス（一九六九）米林富男訳『道徳情操論』未来社

稲上毅（一九七二）「高田社会学の下部構造」『社会学評論』第二三巻第二号、日本社会学会
高田保馬（一九二二）『社会学概論』岩波書店
高田保馬（一九二六）『社会関係の研究』岩波書店
秋元律郎（一九七九）『日本社会学史』早稲田大学出版部
山本鎭雄（二〇〇〇）『新明正道』東信堂
京都大学百年史編集委員会編（一九九八）『京都大学百年史・総説編』（財）京都大学後援会
高田保馬（一九四六）『終戦三論』有恒社

高田保馬年譜

年	高田保馬年譜	京都大学史	現代史
一八八三	一二月二七日、佐賀県小城郡三日月村遠江高田清人の末子として生まれる。		
一八八九	三日月村小学校入学。		
一八九七	小学校卒業、佐賀県立佐賀中学校入学。		足尾銅山請願運動開始 労働組合期成会結成 治安警察法公布
一九〇二	中学校卒業、熊本第五高等学校第三部入学。		
一九〇三	第三部の科目に興味を失い退学。九月、第五高等学校第一部入学。		
一九〇四	四月、校友会機関紙、龍南会雑誌の編集に参加。		
一九〇五	肺尖を患い十二月より病気休学。鹿児島に転地。		日露戦争 韓国統監府設置
一九〇六	四月、帰郷静養。九月、復校。栗野氏転校事件に関して起つ。		

一九〇七	第五高等学校第一部文科卒業。京都帝国大学文科大学哲学科入学、社会学を専攻。	
一九〇八	七月、タルド社会法則論購読。	
一九〇九	『ギディングス社会学の研究』を報告論文として提出。	
一九一〇	卒業論文『分業論』提出。七月卒業。大学院入学、米田庄太郎博士指導の下に社会学を専攻。	大逆事件の検挙始まる 韓国併合の条約調印
一九一一	研究報告、『社会結合論』提出。	
一九一二	七月、研究報告、『社会階級論』提出。八月分業論改稿。十二月、「資本蓄積論」の研究執筆。マルクス主義に関する最初の論文である。この年よりカアネギイ平和財団の補助により「日本徴兵制度の経済的影響」の研究に従事。小川郷太郎博士の指導を受ける。	友愛会創立 東京で最初の憲政擁護大会開催
一九一三	七月、師団所在都市の調査の為に九州、四国、北海道に旅行。	
一九一四	九月、京都帝国大学法科大学講師、フランス経済書購読。春、下鴨東林（今の泉川町）瀧正雄氏方寄寓。秋、糺森、双葉庵に移る。	第一次世界大戦参戦
一九一五	二月二六日佐賀県神崎町大石太郎三女きぬと結婚。	中国に対華二一カ条要求
一九一六	秋、下鴨警察署前に転居。この年より『社会学原理』の執筆に終始する。	

一九一七	十一月、下鴨松木町に転居、間もなく赤痢を病み、府立病院において静養。	
一九一八	夏、四日市在住の兄清俊を失う。秋、田中大溝に転居。	米騒動 新人会（東大）結成
一九一九	二月、『社会学原理』公刊。六月、広島高師教授、社会学経済学担任。九月、東大久保に假寓。	ベルサイユ講和条約・国際連盟規約に署名
一九二〇	春、新川端町転居、十月、長女秋子生まれる。当時の講義案は後『社会学概論』として刊行。	日本最初のメーデー
一九二一	二月、久留米市、行徳胃腸病院入院。六月東京商大教授。社会学、経済学史担任。	
一九二二	三月、東京中野に転居。当時経済学史としてクラーク・シュムペーターを講ずる。剰余剰価値について河上肇博士の所説を批評する。同博士及びその他のマルクス主義者との論争はその後約十年に亙る。十一月、老母を郷里に失う。	
一九二三	七月、満州に講演。九月、震災に遭う。十一月より病臥、流動食をとる。	関東大震災
一九二四	二月、東京商大を辞して帰郷静養。四月、長男保美生まれる。	加藤護憲三

一九二五	五月、九州帝国大学教授法文学部勤務、社会学を講義。十月、次女さえ子生まれる。当時、テンニイス、フィアカント、ヴィイゼ、マクス・セラニア、ガイガア等、ドイツ社会学と文通し、意見を交わす。		派内閣成立 治安維持法案修正可決
一九二六	四月より経済原論を講義。十月より半年間休講。		
一九二七	二月、三女ちづ子生まれる。八月、河内に講演。		
一九二八	四月より経済原論続講。九月までに第一回の講義を終わる。講義用プリントを改稿して、『経済学新講五巻』とした。	河上肇辞職事件	
一九二九	四月、京都帝国大学教授兼任。経済原論担任、東三本木、信楽に寓居。七月、次女さえ子を郷里にて失う。当分十月より半年帰郷して九大に講義。		
一九三〇	京都帝国大学教授兼九州帝国大学教授。	京都学生共産党事件	
一九三一	マルクス主義批判の講演を続ける。高等試験臨時委員、昭和一八年まで連年。	八・二六事件	重要産業統制法 満州事変
一九三二	利子論研究始める。	血盟団事件	満州国建国宣言
一九三三	四月、郷里にて流感にかかる。大宮泉堂町武富方寄寓。	法学部で滝川教授の休	五・一五事件

一九三四	四月、下鴨芝本町松尾方寄寓。
一九三六	五月、胃疾により入院、手術。八月上旬退院。
一九三七	『利子論』脱稿。
一九三八	二月、経済学部長。七月高等試験経済学担任、『経済学概論』脱稿。
一九三九	四月、オッペンハイマー教授入洛。九月、東大経済学部において勢力説の概要を講演
一九四〇	一月、日本諸学振興会常任委員。『勢力論』執筆。
一九四一	二月、日本出版文化協会理事。春、病後小閑を得て『第二経済学概論』脱稿。
一九四二	『新利子論』起稿。

職発令、いわゆる滝川事件が生起

件

国際連盟脱退

日中戦争

電力国家管理法

国民徴用令

ノモンハン事件

国家総動員法公布

大政翼賛会発会式

対米英宣戦布告

大日本言論報告会結成

一九四三	民族研究所兼任。二月上旬東北帝国大学法文学部で民族論講義。『統制経済論』執筆。	
一九四四	三月、京都帝国大学教授退職。民族研究所長専任	東条内閣総辞職
一九四五	春、民族研究所彦根移転。	原子爆弾投下
一九四六	三月、京都帝国大学名誉教授となる。十二月教職適格審査委員会（京都大学経済学部）において不適格の判定を受ける。再審要求提出後、帰郷。秋、『経済学原理』稿了。	天皇人間宣言 GHQ、軍国主義者の公職追放 日本国憲法公布
一九四八	『世界社会論』新稿。六月、中央教職員適格審査委員会より教員不適格の判定を受ける。	
一九四九	一万田総裁下の日本銀行の後援で、貯蓄運動について十二月から各地の講演行脚に旅立つ。	
一九五一	六月、教職不適格の判定が、原審破棄で取り消される。教壇に復帰し、大阪大学法経済学部教授となる。	
一九五二	『経済学原理』の改稿に着手。	

一九五三	六月、大阪大学政経学部長となり、八月、同大学経済学部長となる。
一九五四	古稀記念論文集『社会学の諸問題』が有斐閣より刊行される。六月、大阪大学経済学部教授と同大学付属社会経済室長を併任。同大学文学部の社会学の特殊講義を担任する。また、大阪府立浪速大学経済学部講師を兼任。
一九五五	七月、大阪大学の各職を退く。八月、大阪府立大学経済学部教授となる。専門課程の金融論、経済理論を担当。十一月、大阪大学名誉教授となる。
一九五七	十月、大阪府立大学経済学部長となる。
一九五八	二月、金融制度調査会常時企画委員および中央銀行制度特別委員を委嘱される。
一九五九	四月より約一年間、大阪大学付属社会経済研究室にて「賃金問題研究会」を開く。十月、大阪府立大学経済学部長を退任する。
一九六〇	『高田保馬博士喜寿記念論文集』刊行。
一九六三	三月、大阪府立大学経済学部教授を退職。四月同大学名誉教授となる。同月、龍谷大学経済学部教授となり、経済原論を担当する。
一九六四	喜寿記念論文集『分配理論の研究』刊行。社会学の理論的体系確立の貢献者として文化功労者を授与。
一九六五	四月、龍谷大学経済学部教授を退職。十一月三日旭日重光章を授与される。

一九七二	二月二日、老衰のため永眠。正三位勲一等に叙せられ，瑞宝賞を授与される。二月六日、神式により葬儀が行なわれる。
一九七四	三月二日、佐賀県小城郡三日月町字遠の江の高田家墓地に納骨される。

『高田先生古稀記念論文集　社会学の諸問題』（有斐閣、一九五四）、高田保馬博士追想録刊行会編『高田保馬博士の生涯と学説』（創文社、一九八一）の年譜を参照。

【マ行】

【ヤ行】

【ラ行】

【タ行】

【ナ行】

【ハ行】

事項索引

【マ行】

【ヤ行】

人名索引

■著者紹介

北島　滋　（きたじま　しげる）

1944 年、北海道生まれ。1968 年、小樽商科大学商学部卒。
1976 年、法政大学大学院社会科学研究科博士課程社会学専攻単位取得退学。
現在、宇都宮大学国際学部教授。専攻、産業社会学、地域社会学。

主な著書

『ＭＥの時代・造船のレクチャー』中央法規出版（1986）、『東南アジア都市化の研究』共著、アカデミア出版会（1987）、『ハイテク化と東京圏』共著、中央法規出版（1993）、『社会学——現代日本社会の研究・上』共著、文化書房博文社（1995）、『開発と地域変動——開発と内発的発展の相克』東信堂（1998）『講座社会学５　産業』共著、東京大学出版会（1999）、『キーワード地域社会学』共著、ハーベスト社（2000）

Takata Yasuma:Indiscriminate Combination of Theory and Policy

〈シリーズ世界の社会学・日本の社会学〉
高田保馬——理論と政策の無媒介的合一

2002 年 11 月 20 日　　初　版 第 1 刷発行　　〔検印省略〕

＊定価はカバーに表示してあります

著者 © 北島滋　発行者 下田勝司　　印刷・製本　中央精版印刷

東京都文京区向丘 1-20-6 郵便振替 00110-6-37828　発行所
〒 113-0023　TEL (03) 3818-5521㈹　FAX (03) 3818-5514　株式会社 東信堂
E-Mail tk203444@fsinet.or.jp

Published by **TOSHINDO PUBLISHING CO., LTD.**
1-20-6, Mukougaoka, Bunkyo-ku, Tokyo, 113-0023, Japan

ISBN4-88713-468-1 C3336 ¥1800E ©Shigeru KITAJIMA

東信堂

国際法新講〔上〕	田畑茂二郎	二九〇〇円
国際法新講〔下〕	田畑茂二郎	二七〇〇円
ベーシック条約集〔第3版〕	編集代表 山手治之・香西茂・松井芳郎	二四〇〇円
国際経済条約・法令集〔第二版〕	小原喜雄・小室程夫・山手治之 編	三九〇〇円
国際機構条約・資料集〔第二版〕	編集代表 香西茂・安藤仁介	三二〇〇円
国際立法—国際法の法源論	村瀬信也	六八〇〇円
判例国際法	編集代表 田畑茂二郎・竹本正幸・松井芳郎	三五〇〇円
プラクティス国際法	香西茂・竹本正幸・坂元茂樹 編	一九〇〇円
国際法から世界を見る—市民のための国際法入門	松井芳郎	二八〇〇円
テロ、戦争、自衛—米国等のアフガニスタン攻撃を考える	松井芳郎	八〇〇円
国際人権法入門	T・バーゲンソル 小寺初世子訳	二八〇〇円
人権法と人道法の新世紀	藤田久一・松井芳郎・坂元茂樹 編	六二〇〇円
国際人道法の再確認と発展	竹本正幸	四八〇〇円
海上武力紛争法サンレモ・マニュアル解説書	人道法国際研究所 竹本正幸監訳	二五〇〇円
国際法の新展開—太寿堂鼎先生還暦記念	編集代表 林久茂・山手治之・香西茂	五八〇〇円
海洋法の新秩序—高林秀雄先生還暦記念	編集代表 林久茂・山手治之・香西茂	六七九六円
国連海洋法条約の成果と課題	高林秀雄	四五〇〇円
摩擦から協調へ—ウルグアイラウンド後の日米関係	中川淳司・T・ショーエンバウム 編	三八〇〇円
領土帰属の国際法〔現代国際法叢書〕	太壽堂鼎	四五〇〇円
国際法における承認—その法的機能及び効果の再検討〔現代国際法叢書〕	王志安	五二〇〇円
国際社会と法〔現代国際法叢書〕	高野雄一	四三〇〇円
集団安保と自衛権〔現代国際法叢書〕	高野雄一	四八〇〇円
国際人権条約・宣言集〔第三版〕	田畑・竹本・松井・薬師寺 編	改訂中・近刊

〒113-0023 東京都文京区向丘1—20—6 ☎03(3818)5521 FAX 03(3818)5514 振替 00110-6-37828

※税別価格で表示してあります。

東信堂

大学の自己変革とオートノミー—点検から創造へ	寺﨑昌男	二五〇〇円
大学教育の創造—歴史・システム・カリキュラム	寺﨑昌男	二五〇〇円
大学教育の可能性—教養教育・評価・実践	寺﨑昌男	二五〇〇円
立教大学〈全カリ〉のすべて—リベラル・アーツの再構築	全カリの記録編集委員会編	二二〇〇円
ICU〈リベラル・アーツ〉のすべて	絹川正吉編著	二三八一円
大学の授業	宇佐美寛	二五〇〇円
作文の論理—〈わかる文章〉の仕組み	宇佐美寛編著	一九〇〇円
大学院教育の研究	バートン・R・クラーク編 潮木守一監訳	五六〇〇円
大学史をつくる—沿革史編纂必携	寺﨑・別府・中野編	五〇〇〇円
大学の誕生と変貌—ヨーロッパ大学史断章	横尾壮英	三二〇〇円
新版・大学評価とはなにか—自己点検・評価と基準認定	喜多村和之	一九四二円
大学評価の理論と実際—自己点検・評価ハンドブック	H・R・ケルズ 喜多村・舘・坂本訳	三二〇〇円
大学評価と大学創造—大学自治論の再構築に向けて	細井・林 千賀・佐藤編	二五〇〇円
大学力を創る：FDハンドブック	大学セミナー・ハウス編	二三八一円
私立大学の財務と進学者	丸山文裕	三五〇〇円
私立大学の経営と教育	丸山文裕	三六〇〇円
短大ファーストステージ論	高鳥正夫 舘昭編	二〇〇〇円
短大からコミュニティ・カレッジへ	舘昭編	二五〇〇円
夜間大学院—社会人の自己再構築	新堀通也編著	三二〇〇円
現代アメリカ高等教育論	喜多村和之	三六八九円
アメリカの女性大学：危機の構造	坂本辰朗	二四〇〇円
アメリカ大学史とジェンダー	坂本辰朗	五四〇〇円
高齢者教育論	松井政明 山野井敦徳 山本都久編	二二〇〇円

〒113-0023 東京都文京区向丘1－20－6 ☎03(3818)5521 FAX 03(3818)5514／振替 00110-6-37828

※税別価格で表示してあります。